幼儿园
科学专用活动室游戏的创生研究

曹海红◎编著

上海交通大学出版社
SHANGHAI JIAO TONG UNIVERSITY PRESS

内容提要

　　本书围绕幼儿园科学专用活动室游戏设计展开介绍,全书分为三个部分,分别是"第一章　科学专用活动室的规划思考""第二章　科学专用活动室的创新实践""第三章科学专用活动室的游戏设计"。前两章主要从顶层设计角度阐明科学专用活动室存在的价值意义和整体思考,以及内容选择的依据、在实践中如何创新等内容;第三章梳理、精选了上海市杨浦区控江幼儿园教师多年来设计的科学专用活动室优秀游戏设计案例,案例讲解细致,实操性强。本书内容丰富,实用性强,对于幼儿园科学教育的开展具有一定的参考价值。

图书在版编目(CIP)数据

　　幼儿园科学专用活动室游戏的创生研究/曹海红编著.—上海:上海交通大学出版社,2023.6
　　ISBN 978 - 7 - 313 - 28742 - 7

　　Ⅰ.①幼…　Ⅱ.①曹…　Ⅲ.①幼儿园-教学活动-教学设计　Ⅳ.①G612

　　中国国家版本馆 CIP 数据核字(2023)第 094353 号

幼儿园科学专用活动室游戏的创生研究
YOU'ERYUAN KEXUE ZHUANYONG HUODONGSHI YOUXI DE
CHUANGSHENG YANJIU

编　　著:	曹海红			
出版发行:	上海交通大学出版社	地　　址:	上海市番禺路 951 号	
邮政编码:	200030	电　　话:	021 - 64071208	
印　　制:	上海万卷印刷股份有限公司	经　　销:	全国新华书店	
开　　本:	710mm×1000mm　1/16	印　　张:	11	
字　　数:	156 千字			
版　　次:	2023 年 6 月第 1 版	印　　次:	2023 年 6 月第 1 次印刷	
书　　号:	ISBN 978 - 7 - 313 - 28742 - 7			
定　　价:	58.00 元			

好听的声音

奇妙的磁

体验现代科技

神秘的光影

神奇的力

智趣木工坊

人体的秘密

有趣的水

电的奥秘

标本探究

序

　　非常荣幸受邀写这则序言，作为上海市杨浦区控江幼儿园家委会的一员，我们亲历了控江幼儿园近年来聚焦科学启蒙教育的各项活动。科学教育是教育体系中关键的一环，因为它不仅是一门学科，更是一种生活方式，它引发我们分析信息、思考问题、设计解决方案和反思结果。正如党的二十大报告中所强调的，科技是第一生产力、人才是第一资源、创新是第一动力。幼儿园里可爱的孩子们正是中国未来科技的创造者，他们的科学之路、心中的创新之光，或许就是在这里萌芽、植根、启航。

　　玩，是儿童的天性。在"玩中学"，在"学中悟"，两者兼顾，是最佳的教育方式，边玩边学能更好地促进幼儿全方位发展。控江幼儿园科学专用活动室是专门为孩子们打造的科学活动空间，也是激发他们学习热情和好奇心、埋下科学思维种子的重要尝试。给孩子们一个玩的自主空间，让他们体验属于自己的快乐；给孩子们一个玩的科学舞台，让他们展现自己的自信与风采；给孩子们一个玩的启发，让他们全身心投入其中，游戏就能成为快乐的学习过程。

　　讲述"玩"的故事。有深度、有梯度、有温度是科学专用活动室的实践原则，本书汇集了一系列丰富多彩、饶有趣味的幼儿科学游戏，帮助孩子们在科学专用活动室的一方天地中，感受科学带给他们的乐趣。这些游戏融合了科学、健康、艺术等不同的领域，通过科技与游戏的结合，在潜移默化中培养了孩子们的动手能力、创造能力和团队合作精神。

　　如果说"幼儿园科学专用活动室"是一个平台和载体，那么这本书更凸显了这个平台的价值和灵魂。您将会骄傲地发现,在体验这些科学游戏的过程中,孩子们能更直观地感受到科学的神奇与魅力。

作为家长,我们一直在寻找最好的途径来助推孩子的发展。从早期的读书和玩耍到后来的学校教育,我们希望能够给予孩子最好的教育条件和教育环境,让他们能够在未来独立生活时享受成功的喜悦。再次感谢控江幼儿园教师们倾注的心血与时间,让孩子们能够遨游科学天地,畅想未来,享受探索与发现的欣喜与快乐!

上海市杨浦区控江幼儿园家委会副主任

王独伊

前　言

　　上海市杨浦区控江幼儿园是一所以科学启蒙教育为特色的市级示范园，从20世纪80年代起就致力于传统科常活动的研究，近年来，转化、延续为科学启蒙教育探究。基于"幼儿发展优先"理念，我园在实践中不断探索科学课程创生路径：着眼于未来，从时代发展需要出发确定科学教育目标；着眼于角色转换，让幼儿成为科学游戏的共同设计者；着眼于教育实践，让科学课程设计走向动态和开放。

　　"创生取向"最早由美国学者辛德尔（J. Snyder）、波林（F. Bolin）和扎姆沃特（K. Zumwalt）等人于1992年提出。辛德尔等人认为：课程实施本质上是师生共同创造并生成新的教育经验的过程，既有的课程计划和教学策略只是此过程中可供选择的媒介、资源或参考框架，师生可以根据具体教育情境进行新的课程创造。课程创生（Curriculum Enactment）指的是课程实施过程中，教师与学生主体性得到充分发挥、课程内容持续生成与转化、课程意义不断构建与提升的过程。上海市杨浦区幼儿园力求通过师生共同创造并生成新"果实"，去丰富和优化园本特色课程品质，推进"科学启蒙教育"办园特色的深化，让课程创生研究为幼儿插上自由翱翔于科学天地的翅膀，在玩科学中学科学，最终爱上科学。

一、打造有深度的科学活动空间

　　幼儿科学启蒙的核心在于激发探究兴趣，体验探究过程，发展初步的探究能力。我们为孩子们创建幼儿园科学专用活动室，它是幼儿求知探真的平台,这里浓郁的科学氛围、丰富的探究材料能充分激发幼儿的好奇心和求知欲。作为专用活动室,它不同于科学角,是一种扩大了的以幼儿自主学习为中心的科学活动场所,是一种引导幼儿科学发现、科学探索并获得科学经验和科学能力,养成科学精神的空间。

近年来,通过对科学专用活动室的高位设计和低位实践,我们基于"一个基本方法、两个基本原则、三个基本要点"的理念,重新盘活科学专用活动室里的教育资源,力求活动内容、材料、玩法等均可由幼儿自己选择和决策,对事物、现象有着共同兴趣的幼儿可自发组成合作小组,共同协商完成任务。幼儿在科学专用活动室中能通过独立自主的探究活动以及同伴的合作交流获得科学经验,发挥创造性,真正体会到科学探索的乐趣。

二、锻造有温度的科学活动实践

本书从三个篇章阐述控江幼儿园现实的研究需求和真实的实践需要,汇总了在幼儿园科学专用活动室在探索过程中的整体思考、实践经验和有效策略。通过确定科学专用活动室存在的价值意义,分析科学专用活动室存在的问题。立足幼儿游戏的兴趣和游戏的核心价值,教师"蹲下身来"倾听幼儿的建议,用情感和专业围绕空间打造、材料投放、玩法设计、观察要点、交流分享等纬度开展创新实践,寻求其共性或个性化的实践经验,形成了系列实践模式、实施要点,梳理形成"行动指南",为创新园本科学启蒙教育奠定基石。

三、创造有梯度的科学活动内容

控江幼儿园依据科学学科领域自成一体的四大内容,根据《3~6岁儿童学习与发展指南》中不同年龄段的发展目标,划分、形成科学专用活动室七大板块课程(光影、力、空气、电、声音、水、人体),并与学习主题相融合,梳理每一板块的核心经验,有针对性地开发设计游戏内容,以适应不同发展水平幼儿的使用需求。书中每一个游戏设计都为幼儿提供了可操作的材料,能让幼儿在玩、说、做中获得相关经验;每一个游戏过程都注重幼儿的亲身体验,让幼儿乐在其中;每一个设计背后都力求呈现"操作在前、结论在后"的科学理念,使"基于儿童发展"的教育理念得以印证。

书中大量鲜活的设计案例,基本涵盖了目前幼儿园科学专用活动室的主要内容,希望能为广大幼儿教师设计科学专用活动室的游戏活动提供有益参考。若能成为你的知心朋友,若能启蒙孩子的科学探究,我们将不甚欣喜。

上海市杨浦区控江幼儿园　园长

曹海红

目　录

第一章 科学专用活动室的规划思考

科学专用活动室作为幼儿园科学探究的共同课程资源,是全园幼儿开展科学探索活动的共用场所。科学专用活动室一般空间较大,具有探索板块区域化、探索设备大型化、探索内容序列化,探索材料先进、系统、多样的特点。科学专用活动室材料丰富、可选择性强,把不同年龄段幼儿吸引到科学探索和发现的世界里。幼儿在科学专用活动室这个探索世界的广阔空间里,奇思妙想、施展手脚,充分享受着科学探究的过程,获得广泛的科学经验,萌发对科学的兴趣。

第一节 科学专用活动室的价值意义

《3～6岁儿童学习与发展指南》中对幼儿科学领域的学习目标和内容作出相应的指导,其中特别强调"科学探究"目标的落实。科学专用活动室是幼儿园实施科学教育的重要资源,也是幼儿进行科学探究的重要场所。

科学专用活动室作为幼儿园科学教育的重要物质载体,对幼儿科学素养的培育有着不可忽视的作用。科学专用活动室不是展览室,科学专用活动室内的活动不是纯粹的参观和观察,科学发现是与幼儿的操作联系在一起的。科学专用活动室是一种扩大了的、以幼儿自主学习为中心的科学活动场所,是一种引导幼儿进行科学发现、科学探索并获得科学经验和科学能力,养成科学精神的环境。

科学专用活动室作为幼儿园科学教育的共同课程资源，能满足不同年龄段幼儿的探索兴趣和发展需要。幼儿园科学探究的专用活动室一般空间较大，幼儿园会集中投入资金，投放大型的、先进的、系统的、多样的设备及材料，以丰富的可选择性把幼儿吸引到科学探索发现的世界里。不同年龄段的幼儿，其探索需要和水平具有一定的差异性，科学专用活动室材料的混龄提供，满足了不同年龄段幼儿的需要。

《3～6岁儿童学习与发展指南》科学领域提出：幼儿科学学习是在探究具体事物和解决实际问题中，尝试发现事物间异同和联系的过程。在科学探索活动中，和结果相比，幼儿对过程更感兴趣，过程能带给幼儿极大的满足感。科学专用活动室的"专属功能"，能支持幼儿充分调动和运用多种感官感知事物，进行持续的主动探索，最大限度地发挥主体性、积极性和创造性，培养和保持长期的好奇心和探究热情，激发幼儿在玩中学科学，从而爱上科学。

科学探究是幼儿科学学习的目标和方法，也是幼儿发现和获取科学经验的途径，它对于幼儿科学学习有着非常重要的作用。我们认为，科学专用活动室作为幼儿科学探究的主要场所，其价值取向也应该指向幼儿科学学习的核心目标——激发幼儿科学探究的兴趣，让幼儿充分体验探究的过程，发展幼儿初步的探究能力。科学专用活动室的存在对幼儿科学学习和发展具有重要的意义。

作为科学教育特色上海市示范性幼儿园，杨浦区控江幼儿园打造了园本化"独一无二"的科学专用活动室，让幼儿在这里自由驰骋，通过各种方式实现与材料和环境的互动，从而在了解、感悟和认识周围的世界中探索奥秘，激发兴趣，不断拓宽视野。科学专用活动室是幼儿喜爱的自由活动的空间和探索世界的天地。

第二节　科学专用活动室的整体思考

依托课题研究，控江幼儿园梳理了科学启蒙教育课程主要遵循"高位设计—低位实践—专业组合"的思路。本园查阅大量文献，学习幼儿园科学教育与幼儿科学核心素养的相关理论，以此为基础，对科学教育课程进行梳理和总结，为培养幼儿科学核心素养提出相应策略，不断优化基于幼儿经验的、满足幼儿需要的、关注幼儿终身发展的、富有创新特色的科学专用活动室课程。

一、高位设计，构筑创新平台

社会的发展、教育的变革、人类对科学及自身主体认识的不断深化，对幼儿科学教育内涵、价值取向、目标构成、教育内容、组织策略等也提出了新要求、新挑战。

作为科学启蒙教育特色园，我们必须跟上时代的步伐，立足当下、着眼未来，要高位思考、低位实践：在科学教育中如何让幼儿玩科学、学科学，最终爱上科学？如何培养具有思维气质、创新能力，能面对未来的幼儿？

全面科学观指出，应当摒弃知识中心观念，以科学素养的早期培养作为现代幼儿科学教育的价值取向。科学教育不是为了培养未来的科学家，而是为了培养能适应未来科技社会的、具有基本科学素养的公民。《3～6岁儿童学习与发展指南》指出，幼儿科学学习的核心价值在于激发探索兴趣，体验探究过程，发展初步探究能力。据此，我们认为幼儿期科学核心素养应包括以下内容（见表1-1），科学专用活动室等幼儿科学启蒙教育课程的设计和实施都必须基于科学核心素养的培育展开。

表 1-1

要素	核心素养	基本内容
情感态度	有好奇心和探究热情，有初步的科学精神和态度	1. 有好奇心和探究热情。 2. 有初步的尊重事实的态度。 3. 有关爱和保护环境的意识。 4. 乐于进行创造性的思考和活动。 5. 能尊重他人，乐于合作、分享与交流。
过程方法	有对探究和解决问题策略的感性认识	1. 有初步的探求未知的能力。 （1）观察探索和发现问题。 （2）推理和预测。 （3）实验并记录有关信息。 （4）解释与交流。

要素	核心素养	基本内容
		2. 有初步的技术设计的能力。 （1）确定一个简单的问题或目标。 （2）提出解决或设计方案。 （3）实施方案或实际制作。 （4）设计的评价与交流。
知识经验	获得有关周围事物及其关系的经验，并愿意在生活中使用	1. 能探究和认识身边的物质和材料，了解常见的科学现象。 2. 关注和初步了解生命与生命过程。 3. 关注和初步了解环境与自然现象。

在科学专用活动室课程设计和实施中，控江幼儿园坚持"活动体验、游戏建构、自主探究"的课程理念。"活动体验"指幼儿在一定情境中，真实亲历或虚拟亲历某个事件或某种活动，从中获得认知和情感的直接经验的学习方式；"游戏建构"指课程实施游戏化，让幼儿在游戏情境中架构和丰富科学经验；"自主探索"指幼儿在学习和生活中，主动发现问题、探究方法，并在教师适度的点拨引导下，体验经验的发生和发展过程，感悟原创经验积累的快乐。我们将重点落在"让幼儿体验快乐探究过程"上，因为它是情感激发和经验获得的基础。

二、低位实践，凝练创新内涵

园本科学启蒙教育特色课程的构建，经历了一段漫长坎坷的实践之路，充满困惑、交织纠结、面临挑战。同时，收获点滴顿悟，开阔创新思路，积淀宝贵经验，提炼出幼儿科学教育的创新内涵，科学专用室课程的设计与实施也同样适用。

（一）一个基本方法：自主探究

幼儿科学教育的方法是为完成科学教育目标所采用的具体方法和手段。探究既是幼儿科学学习的目标，也是幼儿科学学习的主要方法和手段。现代幼儿科学教育在探索之前加上"自主"二字，强调让幼儿自主参与

经验获得的过程,掌握探究所必需的能力,形成基础科学概念,进而激发探索世界的积极态度。我们认为自主探究中的幼儿应该是:

(1) 能面对真实世界中的问题情境,并能解决问题。

(2) 能收集和分析需要的信息,对需要解决的问题提出假设,并加以验证。

(3) 能把当前探索内容与已有经验联系起来。

(4) 能在探索和发现中建构知识。

(5) 能在活动中管理自己。

(6) 能协商、会合作。

以上六条是控江幼儿园教师对照和考量幼儿在科学专用活动室等各类探索活动中是否真正沉浸于"自主探究"的观测指标,具体操作中,通过案例记载和分析、交流辨析、自评和他评等方式来落实。

(二) 两个基本原则:快乐探究原则、联系生活原则

快乐是一种积极的情感体验,能让幼儿在探究活动中更专注、更努力、更生动、更高效,对探索事物更感兴趣。维护幼儿的好奇心和兴趣是幼儿科学探究的首要目标和前提条件,快乐是维护幼儿持久探索的最好方法。

《上海市学前教育纲要》中"第二部分教育目标"第四条这样表述:"亲近自然、接触社会,初步了解人与环境的依存关系,有认识和探索的兴趣。"幼儿对自然的、身边的、熟悉的、生活中的事物最感兴趣,对这些事物的探究最能激发他们亲近自然、爱上探索的热情。因此,控江幼儿园科学教育坚持的另一条原则就是"联系生活原则"。幼儿生活中看到的、听到的、想了解的都是科学专用活动室的活动内容。反之,我们也会将幼儿科学专用活动室学习经验渗透于一日生活场景中,引导幼儿发现许多可以探索的有趣现象,激发他们开始科学探索的最初动因。

(三) 三个基本要点:重兴趣培养、重活动体验、重思维过程

"重兴趣培养"指着眼于幼儿科学兴趣的培养和维护。好奇心是幼儿学科学的源动力,保护好奇心就是维护他们对科学的兴趣。当幼儿的问题受到重视,探索行为得到支持,他们的好奇心也就能得到保护和满足,从而得以持续发展。

"重活动体验"指要让幼儿在活动中获得对周围世界的真正理解,而非刻意记忆。有教师会问,幼儿科学专用活动室活动是否必须回避给予幼儿知识?其实不然,关键在于给予幼儿什么知识,采用什么方式。根据幼儿直觉行动思维和具体形象思维的特点,通过活动体验形成对事物的新理解,是符合幼儿年龄特点的方式。

"重思维过程"指让幼儿学习用科学的方法思考问题,获得真正属于自己的科学认知。幼儿科学教育最重要的一点,就是要让幼儿学会科学地思考问题,即通过寻求事实证据,获取知识的、客观严谨的思维方式。它对幼儿终身学习都会产生积极的影响。

(四)五个基本步骤:激情引趣,带入情景;抛出质疑,引出方向;提出假设,感知探索;记录信息,交流发现;调整行动,丰富经验

我们将"STEM+"理念和方法运用于科学专用活动室科学探究过程,围绕科学核心素养培育,梳理出科学教育的五个基本步骤,每一个步骤始终紧扣基本方法"自主探究"展开,并坚持以"快乐"为前提。实施中,借助"STEM+"的"五板一墙"(故事板、科学探究板、信息板、角色轮换板和思维图文板,问题墙)留住幼儿思维轨迹,让幼儿思维看得见,推动探索过程逐渐走向深入。

(五)七个基本板块:光影、力、空气、电、声音、水、人体

我们依据科学学科领域自成一体的内容,根据幼儿的年龄特点,划分、形成科学专用活动室七大板块课程,将之与学习主题相融合,梳理每一板块的核心经验,将之细化到各年龄段。(见表1-2)

表1-2

板块	核心经验
光影	没有光就看不见任何事物;光沿直线传播;光被遮挡后形成影子;黑夜是地球的影子;我们看见的所有物体都会反射光;光含有多种颜色;光通过曲折的路径,使物体看起来有所变化。

板块	核 心 经 验
力	可以改变物体的形状,使物体发生形变;力可以改变物体的运动状态(速度和运动方向,两者至少有一个会发生改变);物体发生弹性形变时产生的力是弹力;力是物体对物体的作用,力的作用是相互的;相互接触的两个物体,当它们要发生相对运动时,摩擦面就产生阻碍运动的力。磁铁能吸引含铁物体;不同的磁铁有不同的磁力;磁铁能隔着一些材料吸引含铁的物体;磁铁能磁化另外一些物体;磁铁的两端磁力最强;磁铁的两端有不同的指向。
空气	空气无处不在;动物和植物的生长离不开空气;空气是真实存在的,它占据了空间,流动的空气能够推动物体;快速流动的空气能使飞机向上飞行;空气能使运动的物体减速;暖空气往上升。
电	摩擦会产生静电,静电能吸住细小的物体;电池有正负极;电能可以转化为光能和热能;人体、水果、蔬菜都能导电。
声音	物体振动产生声音;声音能通过许多物体传播;不同大小的物体振动产生不同的声音。
水	水是有重量的;水的重力和浮力会使物体漂浮;水可以进入空气中,水的形态可以互相转化;水是许多物质的溶剂;水能聚合在一起;水能附着在其他物质上;水能渗透到其他物质中。
人体	每个人都是独一无二的;我们通过感觉来学习;骨骼帮助我们支撑身体;肌肉使我们保持运动、生存与呼吸;我们能让自己保持健康并越来越强壮;日益成长的强健身体需要有营养的食物。

第三节　科学专用活动室的关系处理

幼儿园专用活动室是幼儿园教育的重要课程资源之一,与主题课程、班级科学区个别化学习、游戏以及家庭科学活动之间有着密不可分的关系,相辅相成。

一、科学专用活动室与幼儿园课程的关系

科学专用活动室活动是引导幼儿进行科学发现和探索,并获得科学经

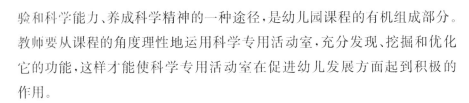

验和科学能力、养成科学精神的一种途径，是幼儿园课程的有机组成部分。教师要从课程的角度理性地运用科学专用活动室，充分发现、挖掘和优化它的功能，这样才能使科学专用活动室在促进幼儿发展方面起到积极的作用。

（一）科学专用活动室与课程的有机融合

幼儿园的专用活动室是实施幼儿园课程的一种资源和途径。科学专用活动室的主要作用是为幼儿提供科学发现和探索的机会，幼儿在科学专用活动室中操作、观察、记录并进行思考，通过操作材料去关注有趣的现象，寻找科学现象的根源。控江幼儿园把科学专用活动室视为重要的课程资源，把专用活动室的活动视为实施课程的重要途径，将专用活动室的游戏活动与幼儿园课程有机结合起来，比如，设计与专用活动室相关的集体学习活动和个别化学习内容，丰富幼儿园课程内容。科学专用活动室活动与课程有机融合，在课程实施中融入和开展专用活动室活动，不仅要充分发挥科学专用活动室本身的特点、优势及教育价值，同时也为课程实施提供了较大的创新和发展空间。

（二）科学专用活动室不仅限于课程内容

《幼儿园教育指导纲要》中提出，幼儿园教育应尊重幼儿的人格和权利，尊重幼儿身心发展的规律和学习特点，关注个体差异，促进幼儿富有个性的发展。相较于主题课程，为了有效应对幼儿的个体差异，满足不同水平幼儿的发展需求，科学专用活动室应进一步将资源进行多元整合、有效开发，对幼儿园课程内容给予补充，并创设适宜的、能满足不同幼儿发展需要的活动内容，使每位幼儿都能在宽松愉悦、选择丰富的课程环境中发挥自我、主动活动、尽情探索。

科学专用活动室借助其独特的优势，发挥着整合和创新园本课程的作用。控江幼儿园将科学专用活动室活动与五大领域教育内容整合起来做合理的规划，制定了特有的选择性课程。不仅包含课程目标、课程内容，还包括课程实施时间和方式，丰富和充实了园本科学启蒙教育课程体系，促进了幼儿园和教师的专业发展，最终使幼儿受益。

二、科学专用活动室与个别化学习的关系

《3～6岁儿童学习与发展指南》强调"尊重幼儿发展的个体差异",而科学专用活动室活动以个别化学习的形式展开,更加尊重幼儿的个性差异,满足幼儿个体发展的需要,培养幼儿的主动探索精神。《3～6岁儿童学习与发展指南》"说明"部分强调,实施《指南》时应"重视幼儿的学习品质",并明确指出,"幼儿在活动过程中表现出的积极态度和良好行为倾向是终身学习与发展所必需的宝贵品质。要充分尊重和保护幼儿的好奇心和学习兴趣,帮助幼儿逐步养成积极主动、认真专注、不怕困难、敢于探究和尝试、乐于想象和创造等良好学习品质"。而教师对科学专用活动室的科学启蒙教育活动的观察与指导,必须重点关注幼儿是否能在活动中获得科学素养、科学品质和科学态度,教师科学的有目的的观察与指导策略要分别渗透于每一次的科学活动中,强调每一名幼儿的主体地位,为每一名幼儿的个性化学习、主动学习提供机会与条件。虽然科学专用活动室中的个别化学习比一般个别化学习观察与指导的重点更聚焦,但是科学专用活动室与个别化学习活动之间关系密切不可分割。

（一）科学专用活动室与个别化学习之间的相互联系

科学专用活动室根据科学核心经验分为不同的主题探索区,控江幼儿园科学专用活动室根据不同的核心经验分为七大主题探索区:光影探索区、力探索区、空气探索区、神奇的电探索区、声音探索区、有趣的水探索区以及人体探索区。而这七大主题探索区的内容在很多学习主题下的个别化学习活动中也会涉及。如,中班"有趣的水"学习主题下的个别化学习会涉及很多关于"水"的科学探究活动,大班"我自己"学习主题下的个别化学习也会涉及不少与"人体"相关的科学探究活动。这些探究活动与科学专用活动室里的主题探索区活动有着密切的联系,你中有我,我中有你,密不可分。

（二）科学专用活动室是个别化学习的丰富与扩充

科学专用活动室是一种扩大了的以幼儿自主学习为中心的科学活动场所,不论是在材料内容,还是空间范围,都是个别化学习的丰富与扩充。

同时,科学专用活动室的探究氛围比个别化学习更浓郁,幼儿在科学专用活动室的探究可选择性也更大。

科学专用活动室由于空间较大,材料丰富,能够极大地满足幼儿进行科学探索活动的需求,激发并保护了幼儿的科学探究精神。科学专用活动室作为一种全园共享的课程资源,其材料不是按照年龄阶段提供的,而是围绕某一主题系列提供的,能够满足不同年龄段幼儿的探索需要,更全面地弥补了班级个别化学习活动材料可能存在不能满足不同发展水平幼儿进行科学探究需求的短板。在科学专用活动室,不同年龄的幼儿、发展水平不同的幼儿,都可以根据自己的水平选择不同操作难度的材料,也可以让不同幼儿根据自己的预想用不同的方法操作同样的材料,让每个幼儿在原有发展水平上进行探索。控江幼儿园科学专用活动室每个主题探索区里,都创设了不同层次的科学探究活动材料,在其广度、深度和专业性上,不是个别化学习活动材料的重复或再现,科学专用活动室提供的探究材料比个别化学习活动更广、更深,是个别化学习基础上的延伸和再创造,探究内容也比个别化学习层次更高、更集中、更系统。比如,同样探索"导体与绝缘体",个别化学习活动中是关于哪些东西能够导电,属于导体,哪些东西不能导电,是绝缘体;而科学专用活动室则提供大量层次性系列实验材料,让幼儿利用导体导电的原理解决问题,如"如何让小灯泡亮起来""如何让灯泡和风扇同时转起来""如何进行沙漠探宝"等。由于科学专用活动室空间的专属性,幼儿园会投放真实的仪器,如天平、试管、滴管等,方便幼儿进行对精确度要求较高的实验。

三、科学专用活动室与游戏的关系

幼儿天生喜爱游戏。陈鹤琴先生说:"游戏是儿童的心理特征,游戏是儿童的工作,游戏是儿童的生命。"科学专用活动室让幼儿在广阔的空间内和丰富的材料选择中,采用符合幼儿年龄特点的游戏化活动方式,让幼儿真正享受按自己的意愿选择活动内容的自由,并享受游戏的快乐。

(一)游戏是活动手段

幼儿园科学专用活动室的游戏化是一种活动的手段。科学专用活动室将科学教育活动引入儿童生活，在内容选择、过程设计、教学策略、评价方式等方面均通过游戏进行，让幼儿成为科学活动的主体。科学专用活动室丰富的游戏化环境，帮助幼儿拓宽视野，在有趣的实验操作、游戏互动中有效推进探索的深入，使每个幼儿都能享受到科学启蒙的优质教育资源。

游戏化的专用室科学活动符合幼儿天性、适合幼儿探索，可以促进幼儿爱上科学专用活动室，爱上科学探索。

（二）学习是核心目标

游戏是幼儿特有的学习途径，《上海市学前教育纲要》中也反复强调游戏是幼儿的基本活动，幼儿园教育教学永远以游戏的方式呈现，发现、挖掘科学专用活动室的游戏功能是促成幼儿自主学习、激发兴趣的重要途径。

皮亚杰提出让幼儿在与环境的互动中学习。设置科学专用活动室的目的是帮助幼儿更好地学习，积累经验，最终爱上科学。科学专用活动室中的学习游戏设计能促使每个幼儿爱科学、乐实践、好探索、会创造，将科学启蒙教育的理念、方法融入幼儿的生活，以科学启蒙为根，提升幼儿生活技能，启发幼儿智慧。科学专用活动室学习游戏设计必须充分尊重幼儿的能力及已有经验的运用，使幼儿真正成为游戏的主人，在此基础上能够主动探索与同伴协商、合作，能够自主解决学习游戏中出现的问题，达到教育的最佳效果及目的。科学专用活动室更好地利用幼儿园场地、资源，拓宽幼儿自主、自由游戏学习的范围，逐步实现了让幼儿在科学游戏中养成爱学习的优秀品质。

四、科学专用活动室与家庭科学活动的关系

科学专用活动室与家庭科学活动都是幼儿进行科学探究的重要途径，幼儿在科学专用活动室进行的探究活动，能够让幼儿探索和认识一些简单的科学现象与原理，了解一些基本的科学知识。而家庭科学活动作为幼儿园专用活动室的补充，也是培养幼儿学会发现精神的重要场所，在生活实际中更加强调对个体幼儿个性的尊重，让幼儿能够在实践中发挥自己的创造性，在实践中获得更加全面的科学经验。

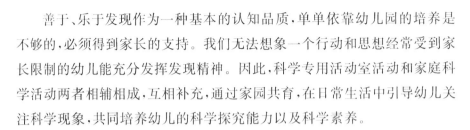

善于、乐于发现作为一种基本的认知品质，单单依靠幼儿园的培养是不够的，必须得到家长的支持。我们无法想象一个行动和思想经常受到家长限制的幼儿能充分发挥发现精神。因此，科学专用活动室活动和家庭科学活动两者相辅相成，互相补充，通过家园共育，在日常生活中引导幼儿关注科学现象，共同培养幼儿的科学探究能力以及科学素养。

（一）家庭科学活动是科学专用活动室活动的延伸

科学专用活动室是幼儿在幼儿园进行科学探究活动、获得科学认知和经验的一个重要场所，每个幼儿在科学专用活动室都有自己相对钟爱的科学探究内容。科学专用活动室尽管内容设置丰富，但也有可能无法满足每个个体幼儿对科学探究内容的倾向性选择，我们时常会发现，有的幼儿在科学游戏中还想继续深入研究，可由于科学专用活动室活动时间有限，导致开展的活动戛然而止。在科学专用活动室中，教师点面结合的观察和指导方式决定了教师不可能将大量的时间与一名幼儿互动。那么，此时家庭科学活动的意义就变得尤为重要，它是幼儿在科学专用活动室活动的延伸与补充。幼儿在科学专用活动室的科学探究过程中，总能时不时产生新的疑惑，继而萌发对某些类似现象的探究兴趣，这样生成的问题是很宝贵的，家庭科学活动可以在后续及时跟进幼儿在科学专用活动室中生成的问题，满足幼儿的好奇心与探索欲望。这就需要教师关注并和幼儿交流他们在科学专用活动室中的探究、发现和疑问，并将这些信息传递给家长，引导家长和幼儿一起解决在科学专用活动室科学探究活动中遇到的问题。

（二）家庭科学活动是科学专用活动室活动的补充

家庭科学活动是幼儿在科学专用活动室中所进行的科学探究活动的延伸，家园合作可以促进幼儿科学探究活动的深入开展。同时，家庭科学活动也是幼儿在科学专用活动室活动的补充。如：控江幼儿园科学专用活动室在关于"空气"的科学探究活动中，其科学核心经验是关于感受"动物和植物的生长离不开空气""流动的空气能推动物体""空气对物体会产生压力""空气中有浮力"等。尽管科学专用活动室为幼儿创设了大量的游戏活动，让幼儿感受这些科学核心经验，但是科学教育最终应该回归生活实践,而家庭科学活动可以有效补充幼儿园科学专用活动室没有涉及的与生活紧密联系的这些科学经验,幼儿通过家庭科学活动的补充能够进一步获得对空气更深入的认识。比如:家长可以利用家中鱼缸中的小鱼或种植的植物引导幼儿观察与思考"为什么人不能在水中呼吸,但是鱼儿却可以?花儿的呼吸与人类有什么不一样?"等,家长不仅可以与幼儿共同查阅、收集相关的资料,还能够通过与幼儿共同进行科学实验来亲身实践,探讨验证预想答案,如看看在一个封闭的容器中抽干空气,花儿能不能存活等。教师鼓励幼儿将亲子"实验与发现"带到幼儿园科学专用活动室来,与同伴共同探究与分享更多关于"空气"的秘密,发展幼儿科学高阶思维能力。

家庭科学活动是幼儿在科学专用活动室活动的补充,而科学专用活动室的活动也可以作为家庭科学活动的补充与延伸,幼儿可以将家庭科学活动中的发现与困惑告诉老师以及同伴,老师可以抓住幼儿在家庭科学活动中的问题,将有价值的个性问题演变成集体的共性问题,并为幼儿在科学专用室创设探究活动的支持性环境,引导幼儿通过实验、合作探索,解决家庭科学活动中的问题与困惑,家园携手共同培养幼儿的科学探究能力与科学素养。

第四节 科学专用活动室的内容选择

基于幼儿科学启蒙核心素养培育、传承基础上的创新实践之路,需要做好顶层设计,核心、关键的内容一定要想在前、想明白,这样的课程才是有灵魂的课程。为此,控江幼儿园对科学专用活动室的内容选择的依据进行了梳理和提炼。

一、科学专用活动室内容选择的依据

科学启蒙教育办园特色要夯实基础,才能走得长远。控江幼儿园科学启蒙教育课程设计的依据是什么? 我们认为"基于幼儿、基于发展"是首要,同时,要深刻理解和贯彻《3～6岁儿童学习与发展指南》《上海市学前教育纲要》等"幼儿科学教育"相关目标与要求,落实其核心价值。科学专

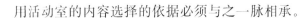
用活动室的内容选择的依据必须与之一脉相承。

（一）依据幼儿年龄特点与学习特点

3～4岁小班幼儿动作的协调性增强，看到新奇事物会主动接近，专注地看看、动动，探索其中的奥秘。他们正处于从直觉行动思维向具体形象思维过渡的发展阶段，科学探究更依赖于真实具体、现象一目了然的情境和反复的操作感知活动。在操作摆弄物品时，他们逐渐认识了事物的属性，如大小、长短、简单的形状等，对自己日常喜欢、熟悉、可反复操作的事物更容易表现出关注与探究的兴趣。例如：提问小班幼儿会选择探究什么样的车和喂养哪种小动物时，他们一般都倾向于选择玩具车和故事与儿歌中出现频率较高的小白兔。教师组织科学活动时，应为幼儿提供熟悉的材料，给予充裕的时间，让他们投入自选活动，鼓励他们反复摆弄探索，满足其好奇心。

4～5岁中班幼儿有意行为开始发展，动作质量明显提高，既能灵活操作，又能坚持较长时间，活泼好动。他们对生活中时有接触但不太熟悉的事物更容易表现出强烈的探究兴趣，喜欢观察特征明显、多元、有变化且好玩的事物与现象。他们开始以具体形象思维为主，其探究的视野从点扩大到面，在教师的引导下，能够围绕问题进行整体有序的观察或两两比较的探究。教师应针对幼儿特点，有目的地组织观察、发现等科学活动，指导幼儿用感知、观察、交流等多种方式进行综合学习，积累感性经验。

5～6岁大班幼儿的自理能力和劳动能力明显提高，合作意识逐渐增强，规则意识逐步形成。他们开始对自然现象的起源和机械运动的原理等产生兴趣，渴望得到科学的答案。他们越来越喜欢那些能满足信心和创造欲望的多变性玩具，他们能长时间专注地探索物体的多种操作可能。这一年龄段的幼儿表现欲望强烈，他们会用多种方式表达自己的想法。科学活动中，教师应为大班幼儿创设问题情境，提供可探索的材料，鼓励他们用多种方法发现问题，通过收集与交流信息来拓展探究的范围与内容，并使探究活动向纵深推进。

（二）依据《3～6岁儿童学习与发展指南》中"科学领域"目标与价值取向

《3～6岁儿童学习与发展指南》指出，幼儿的科学学习是在探究具体事物和解决实际问题中,尝试发现事物间的异同和联系的过程,其核心是激发探究兴趣,体验探究过程,发展初步的探究能力。因此,幼儿园科学活动应该为幼儿提供丰富有趣的探究工具和材料,创设适宜的探究环境,引导幼儿通过观察、比较、操作、实验等方法,学习发现问题,在探究中思考、分析和解决问题。幼儿在对自然事物的探究过程中,不仅能获得丰富的感性经验,充分发挥形象思维,逐步发展逻辑思维能力,也能为其他领域的深入学习奠定基础。《3～6岁儿童学习与发展指南》"科学领域"发展目标包含在探究中认识周围事物和现象,而幼儿园的科学活动是幼儿认识周围世界,获得知识、经验的重要途径,能拓宽幼儿的视野,使幼儿获得早期科学经验的积累。科学领域的发展目标还包括具有初步的探究能力,这就更不能脱离幼儿园科学活动这个载体,幼儿园的科学活动不仅要为幼儿提供丰富而有趣的操作材料,创设适宜的探索环境,还要根据幼儿的年龄特点和发展水平,对幼儿在探究中观察、比较、分类、概括、分析、计划、验证、调查、记录和收集信息等方法在多样性和程度上提出不同的要求,引导幼儿综合运用各种方法解决问题。幼儿科学探索活动还有一个重要的途径,那就是走出校园,走向社会。自然界充满许多诱人的奥秘,所以大自然为幼儿学科学提供了最好的课堂和材料,这又有利于"亲近自然,喜欢探究"这一发展目标的实现。

(三)依据《上海市学前教育纲要》相关目标与要求

《上海市学前教育纲要》是上海市学前教育机构课程编制、组织实施以及评价的依据,它指出幼儿是活动的主体,学前教育的目标之一是亲近自然,接触社会,初步了解人与环境的依存关系,有认识与探索的兴趣。幼儿所需要的探索世界的内容有:亲近动植物,观察、了解、照顾它们,具有热爱自然、珍惜自然资源、关心和保护环境的意识;初步了解人类取得的科学成果,尝试用简单的科学方法探究问题,喜欢动手操作与实验;关注、收集、交流周围环境中的信息,对此产生兴趣,逐步扩大探索实验。《上海市学前教育纲要》指出,选择、编排教育内容要依据目标进行,应该建立在幼儿直接体验的基础上。因此,幼儿园要以《上海市学前教育纲要》相关目标与要求为指引,组织和引导幼儿进行各种探究活动,让幼儿在生活中进行多样化的科学活动。

(四)依据幼儿"最近发展区"的理论与思想

"最近发展区"是苏联心理学家维果斯基提出的重要概念,是指"儿童独立解决问题的实际发展水平与借助成人指导或在有能力的同伴合作中解决问题的潜在发展水平之间的差距"。对于维果斯基"最近发展区"理论研究,经典的话语莫过于"跳一跳,摘桃子"。"最近发展区"强调的是激发形成正处于成熟过程中而又未完全成熟的心理机能。幼儿园开展的科学活动必须激发幼儿的探究学习兴趣,带着兴趣,他们才能积极主动地去思考问题,从而很快地使幼儿的脑细胞活跃起来,自发投入探索活动,从而到达他们能够达到的发展水平,使他们能真正做到"跳一跳,摘到桃子"。作为幼儿园教师,我们必须对幼儿的两种发展水平都有明确的了解,并且尊重幼儿现有发展水平上存在的个体差异,根据不同水平的幼儿组织不同的科学活动,提供不同的活动材料,满足幼儿不同的发展需要。要想幼儿在科学活动中达到他们的"最近发展区",教师一定要提供良好的"脚手架",也就是在科学活动开展的过程中,教师要为幼儿适宜地提供挑战区域材料,扮演"支持者"的角色,引导和帮助幼儿运用合适的探索方法去获得成功,以有效的情境支架、实物支架、实践支架,帮助幼儿顺利突破"最近发展区"。

二、科学专用活动室的具体内容和各年龄段关键经验(见表1-3)

表1-3

板块	年龄段		
	小班	中班	大班
光影	1. 感受光线的强弱,知道有光线我们能看见物体。 2. 感知光是五颜六色的。 3. 感知光被遮挡后会形成影子。	1. 知道光是沿直线传播的。 2. 发现光被遮挡后形成影子。 3. 感知探索光含有多种颜色。	1. 知道光含多种颜色,经过反向折射或重叠后会出现多种色彩。 2. 发现光通过透明介质才能产生影像。 3. 感受生活中光影技术的神奇。

板块	年龄段		
	小班	中班	大班
力	1. 通过尝试,初步了解磁铁能够吸住含铁物体。 2. 感知磁铁能隔着一些材料吸引含铁的物体。 3. 初步感知力可以改变物体的形状。 4. 感知用力可以使物体运动。	1. 探索并发现不同的磁铁磁力大小不同。 2. 在操作中感知和发现磁铁的两端磁力最强。 3. 在探索中发现力可以改变物体形状,使物体发生形变。 4. 发现用力推或拉可以改变物体的位置或运动方向。 5. 知道物体发生弹性形变时产生的力是弹力。	1. 观察并感受磁铁异极相吸的拉力和同极相斥的推力。 2. 在动手操作中,发现磁铁能磁化一些物体,并感受成功的喜悦。 3. 探究发现磁铁的两端有不同的指向。 4. 在操作探索中初步感知和发现"力的传递"现象。 5. 探索发现摩擦力会使物体运动。
空气	1. 知道空气在我们周围,空气看不见,摸不着。 2. 知道动物和植物生长都离不开空气。	1. 在实验中感受空气是存在的。 2. 尝试运用打气筒等工具给吹气玩具打气。	1. 通过实验,感知流动的空气能推动物体;快速流动的空气能使飞机飞行;空气能使运动的物体减速。 2. 知道暖空气往上升。
电	1. 知道生活中很多地方需要电。 2. 尝试摩擦产生静电的实验,对静电能吸住细小物体的现象感兴趣。	1. 在探索中发现摩擦会产生静电,静电能吸住细小物体。 2. 知道电池有正负极,会安装玩具电池。	1. 在实验中发现人体、水果、蔬菜都能导电。 2. 知道电能可以转化为光能和热能,以及电在生活中的用途。
声音	1. 喜欢听辨周围的各种声音,区别不同的声音及其所表示的意义。 2. 初步感知声音传播的现象。 3. 尝试使用不同的工具模仿好听的声音。	1. 知道物体振动产生声音。 2. 在探索中发现声音能通过一些物体的振动来传播。 3. 比较不同大小的物体振动产生不同的声音。	1. 感知振动产生声音的现象,知道不同材料的物体可以发出不同的声音。 2. 感受物体的振动和声音的关系,声音可以通过生活中许多物质进行传播。 3. 发现振动和声音同时产生、同时停止的现象。

板块	年龄段		
	小班	中班	大班
水	1. 感受不同材料和物体在水中的沉与浮。 2. 观察水能变成冰，冰能变成水。 3. 感知水能使物体膨胀，水能使物体溶解。 4. 观察不同物质，感知水的附着力。 5. 感知水的流动性。	1. 知道水的浮力会使一些物体漂浮。 2. 了解水是许多物体的溶剂。 3. 了解水能渗透到其他物体中。	1. 感知溶解现象，发现水是许多物质的溶剂。 2. 感受水的浮力会使物体漂浮，同时感知水自上而下流动的特性。 3. 知道水在不同情况下的三态变化。
人体	1. 感知体验五官的作用，知道保护五官的重要性。 2. 了解四肢的名称位置及功能。 3. 区分男女，知道自己是男孩或女孩。 4. 知道不挑食、不偏食才能身体健康。	1. 发现并了解每个人都有独一无二的五官。 2. 初步知道人们通过感觉来学习。 3. 初步知道我们能让自己保持健康并越来越强壮。 4. 懂得日益成长的强健身体需要富含营养的食物。	1. 知道身体的各个部位，体验和感受各个部位的关节是可以活动的。 2. 了解骨骼能帮助我们支撑自己的身体。

第二章　科学专用活动室的创新实践

科学专用活动室是指在幼儿园设立的专供幼儿进行非正规性科学活动的场所，其目的是让幼儿在宽松、愉快的环境中通过自身的探索，主动地发现问题、寻找答案、获取广泛的科学经验，激发他们对科学的兴趣。

作为科学教育特色示范性幼儿园，控江幼儿园创设独特的科学专用活动室，让不同年龄段的幼儿在这里通过观赏、倾听、触摸、摆弄等各种方式，实现与材料、环境的互动，从而在了解、感悟、认识周围世界中探索奥秘，激发兴趣，不断地拓宽视野。科学专用活动室是幼儿自由活动的空间和探索世界的天地。

第一节　科学专用活动室需解决的问题

科学专用活动室能促进幼儿解决问题的能力以及科学求知欲与好奇心的发展，能培养幼儿的探究能力和科学态度，是实施幼儿园课程的有效途径。结合观察分析，科学专用活动室中出现的较为普遍的问题有以下几个方面。

一、环境创设缺氛围

有的科学专用活动室在环境创设上缺乏科学元素，环境没有体现其功能特点。有的科学专用活动室里摆放的是大量固定的模型，而不是一些可以让幼儿操作的材料和工具。有的与其他活动室外部环境高度相似，还有的科学专用活动室墙面一片空白，无法激发起幼儿科学探索的兴趣和热情。

二、空间布局不合理

有的科学专用活动室没有按主题和功能进行区域划分，材料摆放随意性大，造成教师和幼儿寻找和整理材料困难，也影响幼儿进行某一科学板块探究的深度和广度。有的活动室空间上有区域划分，但没有考虑动静区位置要相对远离，造成"静区"幼儿观察和探索活动受"动区"干扰，分散注意力。

三、材料投放少变化

活动室材料丰富，但一成不变，更新少，缺乏变化。很多材料使用周期长，幼儿多次重复接触，就会对材料产生厌倦，对活动兴趣下降。

四、活动材料缺开放

有的活动室提供的材料结构过高，或者对所提供活动材料的玩法做了明确规定，甚至还提供了操作步骤，暗示幼儿按教师的规定和提示进行单一的重复操作。这样的材料和限制阻碍了幼儿的思维发展，也影响了幼儿好奇心和探索行为的激发。

第二节　科学专用活动室的创新探索

科学专用活动室的整体空间环境布局和材料投放对幼儿来说异常重要，能引导和支持幼儿在自身与事物、环境的相互作用中，不断调整探索方法，解决一些科学问题，积累直接感性经验，获得能力发展，激发其爱科学的情感。在持续探索和实践中，我们初步梳理了创新实践模式：营造氛围，激发幼儿主动探索、乐于发现；巧投材料，激发幼儿持续探究、积累经验；聚焦成长,激发幼儿趣味交流、快乐分享。

一、科学专用活动室的空间打造——聚焦科学,激发主动探索、乐于发现

《幼儿园教育指导纲要》明确指出:"环境是重要的教育资源,应通过创设和有效利用环境促进幼儿的发展。"可见,环境的创设已经成为幼儿教育的重要内容,更是重要的教育资源。幼儿的科学学习习惯和科学素养的养成都依赖于他们与环境之间的交互作用,让环境成为老师,潜移默化地发挥它的教育作用非常重要。

我们在创设科学专用活动室环境的过程中,在大空间设计和小空间利用上都有创新和亮点凸显,既和教育目标、教育内容相吻合,也契合幼儿的年龄特点。

(一)空间的科学元素打造,感受浓浓的科学味道

如何让幼儿感受到科学的氛围?在大空间的总体打造上,我们充分考虑到科学元素的应用和空间的创新设置,本着为幼儿创设情境性和趣味性兼备的环境创设思路进行设计。

控江幼儿园进入活动室的楼梯通道,模拟上海科技馆中最受幼儿欢迎的彩虹乐园,创设了"荧光墙",用彩色荧光棒抓住幼儿的眼球,这个巧妙的设计在吸引幼儿的同时,能与幼儿更好地互动。幼儿可以随意拿出一根透明棒子,插在不同的光孔内排列组合成不同的图案,感受光的传播原理和不同色彩、形状带来的美感。科学专用活动室中,大面积采用"星空探秘"的主题,充满梦幻和童话般的探索画面,带给幼儿身临其境的感受,他们幻想自己是小小科学家,去开启探索和发现之旅。与此同时,考虑到不同探索内容的区别,为了能让幼儿在更真实的环境中进行探索,控江幼儿园还专门设计了一个暗房。当幼儿需要对光影进行探索时他们就可以到小黑屋里去,探索关于光和影子的一些科学现象,了解一些原理。

(二)空间的合理规划布局,构建开放的活动区域

幼儿在科学专用活动室中的活动是依据自己的兴趣爱好进行选择的,

所以活动室需要创设可变化的活动空间，这样才能给予幼儿更多自主探索的便利。

我们的科学专用活动室里多采用的是低矮的开放性橱柜，方便幼儿自己取放材料，有利于满足幼儿自主操作和探索的需要。我们还考虑将同一类型的实验集中在一个区域和桌面进行，方便幼儿在操作中进行小组的交流和讨论。除此以外，我们的科学专用活动室里还有很多地面的设计，让幼儿在地毯上利用一些现代化的设备，如小蜜蜂、盲人摸象、机器人等进行探索和发现。

二、科学专用活动室的材料投放——满足需求，支持幼儿项目式探究

儿童有着与生俱来的好奇心和探究欲望。好奇、好问、好探究是幼儿的年龄特点。幼儿在"亲近自然，喜欢探究"方面表现出喜欢接触新事物，经常提一些与新事物有关的问题，常常动手动脑探索物体和材料，并乐在其中的特点。

幼儿的探索离不开材料，材料是激发幼儿探索、支持幼儿探索的必要条件。在科学专用活动室中，我们始终以幼儿为主体，考虑他们的年龄特点、个体差异以及阶段兴趣，为他们提供支持性的材料，让每一个幼儿都能在专用活动室中自主学习、自主探索、自主发现，不断地积累经验，自我完善。

（一）材料适宜，符合年龄特点

幼儿的科学学习是在探究具体事物和解决实际问题中，逐步发现和认识事物间的异同及联系的过程。3～6岁幼儿的思维具有具象思维的特点，所以在投放材料的过程中，要考虑到他们的身心发展特点和认知水平，投放有趣味性、科学性的材料，满足幼儿直接感知、亲身体验和实际操作的需求。

比如：在"力"的探索区域，对于幼儿接触比较少的杠杆原理，我们引进仿真"大吊车"，让幼儿在不断搬运各种货物的过程中，了解杠杆原理，发现

省力的方法。幼儿在模拟场景中学习,在不断体验的同时也积累了很多科学经验。

(二) 材料多变,满足持续探究

材料多变,能促进幼儿在变化中求探索。在提供材料的时候,教师宜多提供低结构的材料,并思考和挖掘材料的功能,使同一材料变得富有趣味性,让活动材料的用法变得更加灵活、多样,满足幼儿持续探究的兴趣。

　　来到科学专用活动室,千千和月月立刻选择了"沉与浮"的区域开始做游戏。只听见千千像个小老师一样开始提问:"月月,你知道乒乓球放入水中会怎样吗?"说着,她就拿起了一个乒乓球。"乒乓球当然会浮在水面上。"月月把千千手里的乒乓球拿走,放进了水盆里。果然如她所说,乒乓球浮在了水面上。"因为它太轻啦!"月月解释了这一现象。

　　千千不依不饶,继续问道:"那橡皮泥是会浮起来还是沉下去呢?"这下月月也微微犯难。千千笑着说:"其实我也不知道,我们一起试一试吧!"说着,两名幼儿便拿起一大团橡皮泥,轻轻地放进水里,橡皮泥立刻沉入水中。"噢,我知道了,原来橡皮泥是会沉下去的。""等一下,我们再少拿一点橡皮泥试试。"根据千千的建议,他们这次捏了很小的一团橡皮泥放入水里,橡皮泥仍然直往下沉。"哈哈哈,我就说橡皮泥是会沉下去的吧!"月月笑道,"你偏不信。"千千沉默了,他开始思索,似乎在他的意识里,橡皮泥是不该沉入水底的。月月继续用石头、木块、纸张等做实验并记录。突然,千千大叫起来:"我知道了!"接着他又拿出一团大大的橡皮泥。月月问:"你刚刚不是已经试过了吗?""这次不一样。"千千神秘一笑。只见他把那团橡皮泥用力地在桌子上按压,圆圆的橡皮泥顿时变成了一个"大饼",他屏住呼吸,小心地将饼状的橡皮泥放入水中。"耶!成功了,成功了!"他激动地拉着月月,"你看,橡皮泥浮起来了!"

在"沉与浮"的案例中,教师为幼儿提供了乒乓球、弹力球、橡皮泥、石头、木块、纸张、海绵等多种材料,幼儿将这些材料放入水中,观察沉浮现象。除了不同材料的变化,同一种材料的形状发生变化之后实验结果也可能会不同,这是教师心中的预设,所以投放了橡皮泥这个百变材料。幼儿初次探索时,发现橡皮泥沉入水底,一名幼儿态度坚定不再继续探索,另一名幼儿有些怀疑,选择再次尝试,最后他把一团橡皮泥按压成饼状,小心地将饼状的橡皮泥放入水中,橡皮泥浮起来了。橡皮泥改变了形状就改变了沉浮的状态,幼儿激动地为这个发现而欢呼雀跃,改变了固有的认知,获得了新的科学经验。

(三) 材料多元,拓宽探究广度和深度

除了提供传统的、生活化的材料,我们还应考虑材料的多元性,与时俱进地提供一些智能化的材料和设备。现代多媒体技术可以创设各种各样虚拟的科学实验,将一些复杂的实验变得简单化、抽象的道理具体化、静止的现象动态化。幼儿在高科技的引导下亲自动手感受,积极思考实践,更易理解科学道理。

在我们的科学专用活动室中就有 3D 打印笔和 3D 打印机,幼儿可以利用这个现代化的机器,把想象的东西从原来的纸张上解放出来,二维的画面可以通过幼儿自己的设计变成三维的立体图像。新颖高科技设备的投放为幼儿打开了思维的大门,让他们尽情地发挥和创造。

在我们的科学专用活动室中还有机器人,幼儿根据设计的情境和提供的材料,利用机器人开展足球游戏的对抗赛。如何设计路线让足球进门洞、游戏中的规则如何设定等,都由幼儿自主合作和协商。

(四) 主辅搭配,引导操作走向开放

幼儿在生活中无时无刻不在接触各种各样的物品,而这些物品都可能成为有趣的科学实验材料。

科学专用活动室中,我们已经提供了一些科学实验和游戏的常规材料,还在走廊里设置了"大家来收集"材料收集区域,并根据材料的种类和特性进行分类、标识化。当幼儿在探索活动和操作实验中需要这些材料的

时候,它们就可以马上变身为辅助材料,使探索活动更加丰富和深入。

在"寻宝"区域,幼儿经常将材料区里的各种小材料放到沙子里进行掩埋,然后让同伴使用金属探测仪寻找宝贝,在过程中发现宝贝的属性,并进行简单的记录。生活中的物品多种多样,幼儿每次探索和发现的都不一样,思维能力得到不断提升,激发起深入探究的愿望。

总之,科学专用活动室要打造成支持幼儿亲身经历探索和发现过程的重要场所,还要提供各种观察操作实验的机会,引导幼儿关注身边的科学,支持、鼓励幼儿多观察、多发现、多质疑,为幼儿养成良好的科学素养和品质打下基础。

三、科学专用活动室的交流分享——趣味交流,持续提升幼儿经验

交流分享是科学活动的重要环节,是在科学活动结束后教师与幼儿一起交流、沟通、分享经验的活动,是完整科学活动的重要组成部分,交流对帮助幼儿梳理和提升经验,促进幼儿成长而言,具有重要的意义。

《3~6岁儿童学习与发展指南》中提到,教师要"支持幼儿与同伴合作探究与交流分享,引导他们在交流中尝试整理、概括自己探究的成果,体验合作探究和发现的乐趣"。科学专用活动室活动的交流分享能与个别化学习活动中的科学游戏活动交流分享相辅相成,拓宽幼儿的科学视野,帮助幼儿激发探索兴趣,提升科学探究的能力,形成科学素养。

(一)交流分享的价值把握

教师在组织幼儿交流分享时,或对成功的案例进行经验介绍,或对锲而不舍的探索精神予以赞扬,或借助集体智慧解决幼儿产生的困惑,抑或发扬幼儿在探索过程中细致的小闪光点。交流分享是支撑幼儿热爱科学的媒介之一,是支持幼儿持续发展的重要手段,交流分享要注意把握主流价值。

1.巩固已有经验

通过交流分享,能让幼儿加深对已有科学经验的理解。在观察同伴操

作演示的过程中,幼儿的已有经验会同步在脑海中出现,通过观察、对比,进一步加固对已有科学经验的认识与理解。

2. 共享同伴经验

幼儿在交流分享时能学习到他人的已有经验,丰富个体的经验。在交流分享时,幼儿常常会茅塞顿开:这个方法不是能运用到自己的小实验中吗? 这样的灵感为下一次的科学探索活动的持续积累了经验,并提高了其对科学活动的兴趣。

3. 提升表达能力

交流分享需要通过语言来辅佐演示实验的操作过程,幼儿在持久的边说边做中,不仅能回顾与展现已有的科学经验,语言表达能力也在潜移默化中得到了锻炼,表达能力获得一定的提升。

4. 获得自信体验

交流分享中,当幼儿的科学经验或者学习习惯、品质得到教师和同伴的肯定时,当幼儿在探索中遇到困难并得到团队的帮助从而一次次接近目标时,交流分享不仅能激发幼儿对探索活动的兴趣,调动幼儿科学探索的积极性和主动性,还能提升幼儿在科学探索活动中的自信。

(二)交流分享的组织形式

科学专用活动室活动的交流分享,其组织形式既与教室中个别化学习活动的交流分享本质上有着相同之处,又因为科学专用活动室的专项功能和较大空间等独特性,使其具有一些个性化的组织特点。

1. 现场演示式

一般来说,教师的首选就是让幼儿进行现场演示,其余幼儿通过观看过程,达成交流分享的目的。过程中教师要有所作为,要注意退后密切观察,在幼儿需要的时候,辅助幼儿在集体面前进行实验操作。演示完毕后,教师要围绕关键科学经验鼓励观摩的幼儿提问,达成演示幼儿与集体的有效互动,过程中逐渐将个人经验演变为集体经验。

2. 走动观摩式

可以利用科学专用活动室的大空间,开展"走动式"的交流分享。教师在活动结束前预留 10 分钟,引导幼儿走动交流分享,幼儿可以自主选择留在区域内展示游戏,或者选择走到其他感兴趣的区域观摩学习同伴的探索成果,这样的形式相对松散和自由,能够调动幼儿的学习主动性,无论幼儿处于哪种状态,都能从中获得自信、获取经验。

3. 结对交流式

结对交流有别于互相观摩,这样的交流分享形式更注重幼儿的全程参与度,时间上也更加从容,能让幼儿有充分发挥的空间。幼儿自主选择对象,两人或者三人一组自由结对,互相交流,分别演示自己的科学游戏,通过近距离的观察获得经验,而演示的幼儿也感受到"小老师"传递经验的自豪感。

4. 问题传递式

科学专用活动室是全园所有班级轮流进入的科学活动场所,如果一个班级的同伴无法就质疑给予解答,就可以将疑惑记录在科学专用活动室的问题墙上,留给接下来进入科学专用活动室的幼儿来共同解决问题。利用这样的问题传递模式,能激发更多的幼儿对解决科学游戏中的困惑产生兴趣,这是科学专用活动室特有的一种交流分享形式,跨班甚至跨年级的交流分享给幼儿带来不同的体验。

(三)交流分享的过程要点

1. 细心观察,寻找有价值的分享资源

要使交流分享环节发挥帮助幼儿积累科学经验、促进幼儿探究能力提升的价值和功能,科学专用活动室中教师的专业观察非常必要。教师可以从探究兴趣、探究过程、探究能力等方面对幼儿进行有重点的观察,寻找有价值的交流分享点。比如:在"空气炮"游戏中,教师可以观察幼儿是否能使用多种实验材料排出空气,空气排出时是否会改变物体的位置,遇到困难是如何解决的。在观察的基础上,还可以用照片或视频记录幼儿的游戏过程和方法,方便交流分享时对游戏过程进行复盘,甚至可以用减速播放的方式引导幼儿细致观察,交流观察结果,避免空洞交流。

2. 结合实际,聚焦问题的解决策略

交流分享除了现场观察的有价值的内容外,还应结合实际,寻找更符

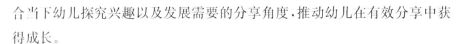

合当下幼儿探究兴趣以及发展需要的分享角度，推动幼儿在有效分享中获得成长。

（1）聚焦问题困惑。在科学专用活动室中，幼儿探究活动遇到的问题和困惑是非常有价值的交流资源。我们看到，不是所有的幼儿都能顺利完成科学探究活动，有的幼儿在遇到问题后能坚持探究、多次反复尝试，最终去解决问题；有的幼儿多次实验无果后，会向同伴和老师寻求帮助；还有的幼儿一次尝试失败后就轻易放弃探究。为了能让问题和困惑作为持续探究的"金钥匙"，在交流分享环节中，教师应在观察的基础上，把幼儿的问题和困惑抛出来，既要暗示幼儿不抛弃、不放弃，又要注重集思广益，动员全体幼儿一起想办法来解决。

（2）聊聊解决方法。幼儿年龄越小，差异越大，个体幼儿能力不同、思维方式不同、解决问题的方式也不同。在科学活动中，教师要及时捕捉探究活动过程中幼儿间的差异，尊重幼儿的个体差异，运用交流分享引导幼儿，同样的问题可以选择不同的方法解决，同样的科学实验用不同的方法可能会产生不同的结果。

3. 启发思维，坚持开放的分享方法

交流分享的过程要注重启发幼儿的思维，通过开放提问互动交流，在平等宽松和快乐的状态中分享，更要鼓励全体幼儿参与交流，采用趣味性的互动无疑更容易吸引幼儿，使这一环节顺利进行，并达到最佳效果。诸如"猜猜，他的记录图想告诉我们什么？""仔细看，小船浮起来的过程，你发现了什么秘密？""听一听，他说了一句什么很关键的话？你有什么想进一步了解的？""你有什么不同的想法吗？""如果是你，你会怎么办？"的提问和引导，让幼儿通过各种感官参与思维和交流。

当某一游戏交流之后，教师可以引导幼儿去试一试，并进一步引发幼儿的深入探索，启发他们的思维；也可以在专用活动室活动之前集体回忆上一次的交流分享内容，支持幼儿思维和探索行为的延续。比如："行走的小蜜蜂"游戏中，有幼儿将蜜蜂放置在空白底板上随意前行，教师及时引导大家进一步思考："小蜜蜂要去哪里？还可以怎么玩呢？"有的幼儿说："我们可以在底板上设计迷宫，让小蜜蜂走迷宫。"有的说："还可以设计障碍

物,让小蜜蜂绕着走。"还有的说:"可以设计马路和人行道,让小蜜蜂穿越过去。"幼儿的思维被进一步激发,他们根据讨论的内容自主设计了迷宫和障碍物,探索行为得到拓展延伸。

（四）交流分享的成效自判

1. 是否围绕游戏目标,关注鲜活的游戏过程

科学专用活动室内有多个不同板块的科学游戏,它有别于自主游戏,是一种有明确预设目标的游戏活动,目标是整个活动的指向和归宿。科学专用活动室的游戏目标不仅有长远的、整体性发展的规划,更要化解成各个板块每个游戏的具体目标。教师必须明确这些目标,做到烂熟于心,并在这些明确而具体目标的指引下指导游戏,导入游戏前期经验;懂得在游戏中如何观察、观察什么;知道游戏结束时分享什么、如何分享;了解游戏能积累什么经验、怎样进一步拓展游戏经验。目标明确能使教师在组织幼儿交流分享活动中自然而然地挖掘有价值的、和游戏目标相符的经验。这是游戏交流分享有效性的前提。

在科学游戏过程中,对幼儿细致而深入的观察是进行有效分享的基础。因此,在游戏过程中,教师必须全身心地沉入游戏,不仅要关注每个游戏中幼儿当下的行为表现,还要进行动态跟踪式观察,以观察者的身份去收集和记录游戏过程中出现的种种问题、幼儿的尝试和创新等信息,为有效交流分享提供第一手资料。为了提高观察的有效性,两位班主任教师应明确各自的分工,一个负责活动中"面"的观察,另一个则着重"点"的跟踪,只有对整个鲜活而真实的游戏过程用心观察和客观记录,才会使分享活动真实有效。

2. 是否找准教师定位,支持交流分享进程

在幼儿科学游戏活动中,教师扮演多种角色:游戏材料的支持者、活动过程的观察者和记录者、经验交流的组织者和倾听者、敏锐捕捉有价值信息并进行提升的引导者。教师要蹲下身来和幼儿玩在一起,站起身来思考和解决游戏中出现问题的策略,多重角色的适时转换和准确定位,是游戏交流分享充满实效性和生命力的前提。

交流分享过程中，教师要找准自己的定位，做交流分享的穿针引线者，全力用智慧支撑幼儿交流分享的进程。当幼儿具备交流分享经验时，教师应充分给予幼儿表述和演示游戏的机会，给予幼儿更多表达讨论的机会，给予幼儿更多相互评价的机会，给予幼儿持续探究和解决困惑的时间和空间，支持交流分享进程。

3. 是否突出分享重点，持续提升幼儿经验

科学游戏的过程是一个不断尝试和积累经验的过程，交流分享如果泛泛而谈，长此下去会让幼儿觉得无味，收效甚微。因此，交流分享要做到突出重点、注重取舍，分享的选题要适宜，要紧扣"如何推进幼儿的深度学习"案例展开，抛出问题要有针对性，不仅要关注幼儿的感知、探索和体验，更要关注幼儿经验的获得、重组和提升。当幼儿表述或演示游戏后，教师要用精练的语言帮助幼儿梳理经验，用教师的支持意见和建议引导幼儿持续探索，将学习引向深入。例如：幼儿在玩"气球螺旋桨"游戏过程中，尝试几次都没有成功，弄不明白出错的原因，为此，交流分享时幼儿进行了相关讨论，大家给予了很多可以尝试的方法。在后一次的游戏导入时，教师提醒幼儿去尝试大家讨论的方法，看看能否解决问题。交流分享时又紧扣这个重点，组织幼儿说说是否成功，成功的原因是什么，失败的可能原因是什么，有什么新的思考，有没有出现新的问题等。这样的交流分享重点突出，既能够维护幼儿的兴趣，又使能够帮助幼儿持续积累科学经验。

四、科学专用活动室与班级科学区的链接转换

《3～6岁儿童学习与发展指南》中对幼儿科学领域的学习目标和内容作出相应的指导，其中特别强调"科学探究"目标的落实。科学专用活动室与班级科学区是幼儿园实施科学教育的两大重要资源，也是幼儿进行科学探究的重要场所，两者共同指向幼儿科学学习的核心目标——激发幼儿科学探究的兴趣，让幼儿充分体验研究的过程，发展幼儿初步的探究能力。

但在实践中，我们常常会遇到这样的情况：每周1～2次的科学专用活动室活动难以充分满足幼儿持续探究的愿望和热情；班级科学区活动的内容与科学专用活动室活动内容完全脱节等。科学专用活动室与班级科学

区在材料投放、内容设计等方面的定位有何不同？如何实现科学专用活动室与班级科学区的有效衔接和融合使用？对此，我们进行了探索，并梳理和总结出相关策略和具体做法。

（一）合理衔接，有序延续

科学专用活动室作为幼儿园共同的科学课程资源，一般空间较大，具有探索板块区域化、探索设备大型化、探索内容序列化、探索材料系统多样等特点，不同年龄段的幼儿均可以在其中找到合适的材料进行科学探究与学习，萌发对科学的兴趣，获得广泛的科学经验。但受到活动次数少、活动对象不同等影响，科学专用活动室活动往往难以充分满足幼儿持续探究、个性化探究、深度探究的需求。我们基于幼儿在科学专用活动室活动中的不同需求和兴趣，在班级科学区开展对应主题或相似主题的活动，通过合理衔接让幼儿的科学探究得到有效延续。

1. 设置"未完待续区"，延续幼儿的探究兴趣

每周 1～2 次、每次 45 分钟左右的科学专用活动室使用时间，并不能满足幼儿科学探究的需要。有时幼儿的探究热情刚刚被激起，就因为时间限制而被迫终止，等到他们下周再次走进科学专用活动室时，上一次的探究兴趣早已被淡忘。对此，我们在班级科学区创设了一块"未完待续区"，鼓励幼儿将在科学专用活动室中未完成的探究主题和内容"搬"到这里，进行持续探究，让幼儿的探究兴趣和探究行为得以延续。

生活中的 3D 打印技术引发了幼儿的强烈好奇心，我们在科学专用活动室配置了相应的 3D 打印体验设备，激发幼儿的探究兴趣。但在短短的 45 分钟科学专用活动室使用时间内，幼儿往往刚构思和设计好作品，还没来得及制作，便被告知活动时间结束，只能带着遗憾离开。对此，我们允许幼儿将未完成的作品和相应的 3D 打印设备（如 3D 打印笔）搬到班级科学区"未完待续区"，支持幼儿利用个别化学习时间和自由游戏时间进行自主科学探究，充分满足幼儿持续探索的愿望。

2."量身定制"材料，开展班本化探究

通过对幼儿科学专用活动室活动的观察，我们发现，针对同一主题的探究，不同班级幼儿的关注点、难点均有所不同。基于这些差异，我们鼓励各班级教师结合本班幼儿的实际发展水平、需要以及科学专用活动室探究主题，在班级科学区"量身定制"相应的科学探究材料，开展班本化科学探究活动。

大一班的不少幼儿对科学专用活动室里的大型"万花筒"的内部构造、成像原理等产生了浓厚的探究兴趣。于是，教师在班级科学区先后投放了单面镜、双面镜、三棱镜、小彩片等自制万花筒的材料，引导幼儿在充分操作、体验的过程中直观感知万花筒的成像原理。从科学专用活动室里的"探究万花筒"，到班级科学区的"自制万花筒"，教师通过材料的合理投放，满足了幼儿的探究兴趣，支持他们在自主探究中获得有关"万花筒"的丰富知识和经验。

3. 聚焦探究过程，助推持续探究

由于使用频次的有限，幼儿在科学专用活动室的活动往往只留在对事物表象、浅层问题的探究，而忽视了完整的探究过程。教师可以将幼儿感兴趣的科学专用活动室主题活动引进班级科学区，支持幼儿利用个别化学习时间、自主游戏时间和日常活动时间进行随机、持续性探究，帮助他们获得全面、系统的探究经验。

科学专用活动室的"孵蛋计划"活动开始了，幼儿都很关心"什么时候会孵出小鸡""蛋宝宝是怎么'变'出小鸡的"，但只有每周轮到自己班级使用专用活动室时才有稍微充足的时间观察。三周后，小鸡破壳而出，孩子们兴奋极了，并展开热烈讨论。教师发现，幼儿的交流大多停留在"蛋宝宝放进孵蛋器里，三周后有的可能会变成小鸡，有的不能变成小鸡"，对"孵蛋"的过程缺乏了解。

于是，教师在班级科学区创设了"孵蛋区"，并投放了小型孵蛋器和蛋宝宝，鼓励幼儿观察和记录孵蛋的过程。在等待从蛋宝宝"变"出小鸡的 21 天里，幼儿不仅通过观察和记录直观地了解了蛋宝宝每天的变化和孵蛋的全过程，还生成了新的探究热点——"孵鹌鹑蛋"，并聚焦"鹌鹑的孵化也需要 21 天吗""鹌鹑蛋和鸡蛋的孵化过程有何不同"等问题展开探究。

（二）深度融合，拓展探究内容

班级科学区是各班独立的科学课程资源，具有探究主题或内容班本化、活动频次较高、活动时间较为灵活、探究材料贴合本班幼儿的兴趣和发展需要等特点，支持幼儿以个别化活动的形式展开自主探究与学习，积累丰富的科学知识和经验。但面对活动空间有限、活动主题相对单一、活动材料较少、未作难易区分等问题，幼儿在班级科学区的探究往往难以延伸开来。我们尝试将班级科学区内相对综合、复杂的探究活动搬到科学专用活动室内开展，以帮助幼儿更好地拓展科学经验。

1. 凸显优势，开展全方位的探究

班级科学区能满足班级幼儿个性化、持续性的探究需求，但受到空间、材料的制约，难以支持幼儿进行立体化、多元化的探究。我们尝试将班级科学区中的综合性、复杂性探究问题带进科学专用活动室，借助后者空间大、材料丰富的优势，支持幼儿开展全方位的探究。

幼儿喜欢在班级科学区探究"光和影"的现象，并且借助教室光线充足的优势，很快便对光的反射原理有了深刻的认知。但当幼儿想玩"影子"游戏时，充足的光线却成了"障碍"，无论他们将手电筒的光照在哪里，形成的影子都非常模糊。于是，我们将"影子"游戏"搬"进了科学专用活动室的"神秘小黑屋"，支持幼儿全面系统地探究"光和影"的秘密。小黑屋的设计特意避开了自然光的介入，通过不同角度、强度的灯光可以营造不同场景下光和影的成像效果，因此，幼儿在探索中很快便积累了"光线被物体遮挡会形成影子""光源与物体之间距离变化,影子的大小也会变化"等丰富的科学经验。

2. 划分难度,巧用材料构筑探究梯队

幼儿的科学探究能力发展需经历一个由低到高、循序渐进的过程,其中,材料作为激发幼儿探究兴趣、支持幼儿探究能力发展的必要条件,应根据幼儿不同的发展水平和需求分梯度投放。但受到空间大小的限制,班级科学区的材料通常统一摆放,不做难度区分。我们每学期根据各年级科学活动主题,在科学专用活动室创设相应的活动区域,并有层次地投放序列性材料,潜移默化地搭建不同难度的探究梯队,以满足不同年龄段、不同能力水平幼儿科学探究能力发展的需要。

我们配合大班"和影子捉迷藏"主题,在科学专用活动室"神秘小黑屋"分类投放了不同类型的材料,并用不同颜色的储物筐加以区分,有的储物筐内装有可供探究影子长短变化的各种手电筒、不同大小的玩偶;有的储物筐内摆放着各种测量工具,如尺子、木棍、绳子等;有的储物筐内放置各种皮影材料……幼儿可以根据自身的能力水平选择相应的材料进行探究——或发现影子产生的条件,或探究影子变化的原因,或尝试借助影子完成皮影戏表演,让每一个幼儿都能在探究中获得有关"影子"的经验。

3. 拓展延伸,推进探究活动持续发展

班级科学区的活动往往依据各年龄段学习主题来设计,以帮助幼儿在一定时间段内达成相应的科学核心经验学习目标,却容易忽视幼儿探究的深入性和完整性。教师应深入观察幼儿在班级科学区的探究兴趣和探究行为,将幼儿自主生发的与主题学习无关(或由主题衍生)的探究内容和问题转化为新的探究主题,在科学专用活动室开展相应的探究活动,持续支持和推进幼儿的自主探究。

在大班"会变的天气"主题下,幼儿对风的产生和作用产生了浓厚

的兴趣,并在班级科学区玩起了"空气炮"比赛——在桌子上用绳子"画"出起点和赛道,将海洋球从起点吹进终点的篮子中,在规定时间内吹进篮子中海洋球数量多者获胜。然而一段时间后,幼儿开始抱怨"吹气太累了""一直吹太无聊了",并提出玩"豌豆射手"(借助橡皮筋的弹性将海洋球弹入筐子)的想法。

教师分析后认为,"豌豆射手"的设想虽然偏离了主题学习的内容,但能够引发幼儿对于"力"的探究,于是将"豌豆射手""搬"进科学专用活动室,支持幼儿进行更深入的探究,拓展新的科学认知经验。

幼儿园科学专用活动室与班级科学区是两个相对独立的幼儿科学教育场所,两者的教育对象、功能、环境等略有不同,但它们的教育目标是一致的,探究内容应该是相互联系、有机整合的。教师必须建立"融合"的意识,努力促成科学专用活动室与班级科学区有效衔接和融合使用,以便更好地满足幼儿的科学探究兴趣和需要,助力幼儿科学探究能力的持续发展。

第三章　科学专用活动室的游戏设计

在对幼儿园科学专用活动室价值意义、科学专用活动室功能的整体思考、科学专用活动室与游戏、幼儿园课程、个别化学习、家庭科学活动的关系、科学专用活动室内容选择的依据、科学专用活动室的具体内容和各年龄段关键经验、科学专用活动室的空间打造、科学专用活动室的材料投放等关键因素充分理解的基础上，我们梳理出控江幼儿园多年来科学专用活动室游戏设计资源，根据幼儿的年龄特点和发展差异，整理出一批能够激发幼儿主动探索兴趣的科学游戏。

第一节　根据幼儿年龄特点设计活动

《3～6岁儿童学习与发展指南》指出，幼儿科学探究的内容应符合幼儿的年龄特点，贴近幼儿的实际生活经验，这样的探究内容才能让幼儿感兴趣，并且能够通过自己的探索有所发现并获得经验。

控江幼儿园在科学活动室中，根据幼儿不同的年龄特点、结合主题目标以及科学领域目标，用相同材料设计不同层次的活动内容，让幼儿在活动中充分感知、体验，激发他们深度学习和探究的热情。

"水"是幼儿最亲密的朋友。本案例以与"水"相关的主题为例，围绕"水会流动"这一科学核心经验，通过相同主体材料在不同年龄段的应用设计，来阐述我们的实践。

首先,我们来纵观三个年龄段有关"水"的主题目标。

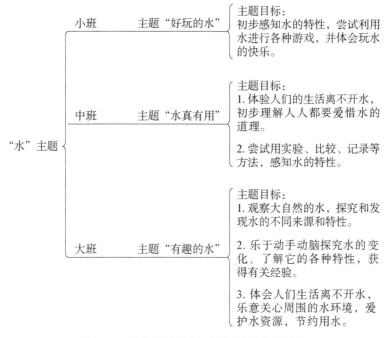

图 3-1　三个年龄段与"水"相关的主题目标

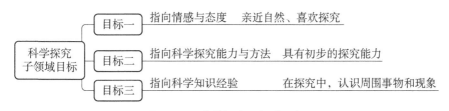

图 3-2　科学探究子领域目标

从中可以发现,不同年龄段,与"水"相关的主题,其核心经验是螺旋式上升、从易到难逐步推进的。结合《指南》科学领域目标,我们设计了不同年龄段"水"主题的科学专用活动室活动内容。

核心经验:水会流动

主体材料:水管组合、盛水小工具

小班活动：爱洗澡的动物宝宝

主要经验：让幼儿在玩水中感知水是流动的。

辅助材料：动物图片、沐浴球、牙刷等。

具体玩法：在水管出口处放置动物图片，营造给小动物洗澡的情境。幼儿尝试使用不同工具盛水，将水倒入水管，用流出的水给动物洗澡。

观察要点：幼儿是否有兴趣在摆弄材料的过程中感知水会流动。

中班活动：管道大玩家

主要经验：幼儿通过操作，控制和观察水的流动方向。

辅助材料：任务书。

具体玩法：根据任务书，向相应的进口倒水，通过转动水阀控制水的流向，并从相应出口流出。

观察要点：（1）幼儿是否能根据任务书行动。

（2）幼儿能否通过控制水阀控制水流的方向。

大班活动：解救小金鱼

主要经验：利用水会流动的已有经验，合作尝试引流游戏。

辅助材料：塑料金鱼玩具、U 型 PVC 管、干枯的池塘情境、任务卡。

具体玩法：（1）预设"小金鱼"被困干枯池塘的情境，幼儿尝试合作，在出口处搭建管道，引水通向池塘，解救"小金鱼"。

（2）根据任务卡要求，合作设计图纸，搭建管道引流解救"小金鱼"。

观察要点：（1）幼儿能否运用已有经验，尝试解救干枯池塘里的"小金鱼"。

（2）幼儿在游戏过程中能否协商、合作，并不断优化解救路线。

围绕"水会流动"这一核心科学经验，通过相同主体材料在不同年龄段应用的游戏设计，总结和梳理了以下经验：

（1）有效连接主题，提供装备支持。

（2）遵循年龄特点，创新利用装备。

（3）依据装备要求，满足探究需要。

科学专用活动室材料规范投放后，我们要观察幼儿与各类装备之间的互动，充分挖掘装备功能、创意组合，创造玩法，尽力保障幼儿科学活动的开展与深入。

第二节　科学专用活动室的游戏设计

具体设计中，我们的游戏设计方案主要包括：游戏名称、参考年龄、关键经验、游戏材料、游戏玩法、观察指引、图片展示、园长点评几个部分。游戏名称简明扼要地概括游戏内容；参考年龄为教师采用游戏提供参考；游戏材料指游戏需要准备的物品，其中包含材料的准备和经验的准备；游戏玩法是对材料玩法的建设；观察指引给予教师观察重点的引导。游戏设计便于教师了解每一个游戏的关键经验，选用和组织游戏，又能对幼儿探索行为的观察重点一目了然。

接下来，我们将从"光影"（共12个游戏）、"力"（共17个游戏）、"空气"（共13个游戏）、"电"（共10个游戏）、"声音"（共8个游戏）、"水"（共13个游戏）、"人体"（共14个游戏）七大板块呈现根据幼儿的兴趣、听取幼儿的建议设计的科学游戏，希望能给教师一些启发。

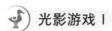 光影游戏 I

游戏名称：有趣的眼镜

设计者：仲晓艳

参考年龄：小班

一、关键经验

光含有多种颜色，不同颜色的滤光片可以改变透过它的光的颜色。

二、游戏材料

眼镜、不同颜色的滤光片、各种卡通图片。

三、游戏玩法

（1）自由选择各种颜色的滤光片插在眼镜架上，并对图片进行观察。

（2）戴上眼镜尝试观察图片，感受不同滤光片下图片颜色的变化情况。

四、观察指引

（1）观察幼儿自由调换滤光片颜色以及选用不同图片观察的情况。

（2）观察幼儿能否发现图片颜色变化的原因。

五、游戏图片

图 3 - 3

图 3 - 4

图 3 - 5

图 3 - 6

园长点评

　　游戏中眼镜的镜片是方便移动的，幼儿通过摆弄操作不同颜色的滤光片来观察事物的颜色变化。幼儿在探索不同色片的重叠组合中，初步感知不同颜色的滤光片对光线的选择性吸收,形成的图像颜色有了变化。在摆弄和观察中,幼儿感知和积累光含有多种颜色的经验。

光影游戏 2

游戏名称:镜子和太阳做游戏

设计者:徐虔

参考年龄:小班

一、关键经验

(1)光被遮挡后形成影子。

(2)光是沿直线传播的。

(3)光可以被反射。

二、游戏材料

手持平面镜若干、光源(有自然光源太阳射入室内)、放置墙面或者地面的背景图(尺寸:60 cm×120 cm,图案为幼儿园场景)。

三、游戏玩法

(1)镜子照出小光点。幼儿手持平面镜,尝试调整角度,借助射入室内的阳光,观察捕捉反射在墙面和地面的亮点。

(2)我带小光点去散步。幼儿尝试调整镜子的方向和角度,带着小光点游览幼儿园背景图画面中的各个场景。

(3)我和亮光捉迷藏。一个小朋友拿着镜子将小亮点照在背景图上,并不断移动位置,另一个小朋友捕捉移动的小亮点。

四、观察指引

(1)幼儿使用镜子的情况,能否通过在反复摆弄和调整镜子角度的过程中发现光点与光线的关系。

(2)观察幼儿能否在探索过程中控制光点的移动,并用语言来表述小光点的位置。

五、游戏图片

图 3 - 7

图 3 - 8

图 3 - 9

图 3 - 10

园长点评

　　"镜子和太阳做游戏"是一个小班的低结构科学系列活动,教师在设计过程中充分考虑到了小班幼儿的年龄特点,以情境创设的方式来引发幼儿与材料互动的兴趣,让幼儿结合熟悉的幼儿园场景,在发现式学习的过程中积累更多的体验。小班幼儿通过感官体验认识世界,他们的思维方式是直观形象的,教师提供了层次性材料,搭建支架,支持幼儿一步步深入探索世界,保持探索的兴趣,推动幼儿不断发展。

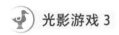 **光影游戏 3**

游戏名称：光的三原色

设计者：仲晓艳

参考年龄：中班

一、关键经验

光含有多种颜色。

二、游戏材料

平板电脑、各原色色纸。

三、游戏玩法

（1）幼儿任意重叠摆放三原色色纸，感知色纸组合在一起后的颜色变化。

（2）拖动、组合平板中三原色按钮，发现三种颜色可以变成彩虹。

四、观察指引

（1）观察幼儿是否能够尝试使用平板电脑、色纸进行游戏操作。

（2）观察幼儿能否按照自己的意愿组合光的三原色，并发现不同组合后的颜色变化。

五、游戏图片

图 3-11

图 3-12

图 3-13

　　游戏中幼儿可以通过平板电脑和实物色纸的操作,将光的三原色按意愿进行叠加、组合,观察三原色在各种组合下的变化,积累光含有多种颜色的基本经验。游戏既有实物操作,又运用了科技产品,形式有趣多样,丰富了幼儿对光的认知。

光影游戏 4

游戏名称:镜面拼图

设计者:徐虔

参考年龄:中班

一、关键经验

物体可以通过平面镜成像。

二、游戏材料

镜面拼搭益智玩具套装。

三、游戏玩法

(1)幼儿随意抽取一张任务卡,并观察卡片上的图案(正面图案和侧面图案)。

（2）根据卡片提示，选出卡片上需要用的积木形状。

（3）开始观察拼搭、构建积木。

（4）评价拼搭积木与拼搭对照卡片上的图案是否一致，一致即为挑战成功。

四、观察指引

（1）观察幼儿使用镜子和积木的情况，观察幼儿能否选择正确形状的积木。

（2）观察幼儿是否能够正确摆放和调整积木的位置和方向，利用镜面反射成像和对称的原理，成功搭建积木，使其正面、侧面图案与任务卡上的图案一致。

五、游戏图片

图 3-14

图 3-15

图 3-16

图 3-17

图 3-18

镜面拼图游戏让幼儿在玩拼图的过程中能够感知镜面反射成像和对称的原理。幼儿可以根据任务卡挑战各种难度的拼图,在此过程中不仅提升了幼儿空间思维推理能力以及解决问题的能力,同时也提升了幼儿大脑图形转向的能力,锻炼幼儿大脑视觉空间思维,具有一定的趣味性。

光影游戏 5

游戏名称:和影子一起跳舞

设计者:仲晓艳

参考年龄:大班

一、关键经验

没有光就看不见任何事物。

二、游戏材料

手电筒、暗房、幕布、小动物卡片、记录本等。

三、游戏玩法

(1)幼儿拿着手电筒进入暗房,打开手电筒尝试寻找幕布上的各种小动物。

(2)幼儿尝试将找到的小动物在记录纸上记录下来。

四、观察指引

（1）观察幼儿尝试使用手电筒寻找小动物的情况。

（2）观察幼儿能否将自己找到的动物用自己的方式进行记录。

五、游戏图片

图 3-19

图 3-20

图 3-21

园长点评

  游戏充分顺应幼儿好奇的天性，教师创设无光的"密室"激起幼儿"探险"的兴趣。在黑暗的神秘感中，幼儿打开手电筒搜索小动物的踪迹，在看看、找找中感受光线的强弱，以及光线从手电筒中射出的不同角度的变化，进而了解有光才可以让我们看见物体。

 光影游戏 6

游戏名称：自制哈哈镜

设计者：高叶蕾

参考年龄：大班

一、关键经验

光通过曲折的路径,会使物体看起来有缩小、放大或变形等变化。

二、游戏材料

软玻璃、记录纸、笔。

三、游戏玩法

(1) 用手掰动软玻璃,使软玻璃弯曲,观察里面物品的成像情况。

(2) 改变软玻璃的不同弯曲角度,观察里面物品的成像变化。

(3) 在记录纸上记录软玻璃的弯曲角度和物体成像的变化情况。

四、观察指引

(1) 观察幼儿将软玻璃弯曲成不同角度的情况。

(2) 观察幼儿能否发现不同角度的软玻璃照出的物体成像不同。

五、游戏图片

图 3-22

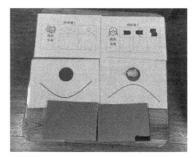
图 3-23

图 3－24   图 3－25

　　幼儿平时照哈哈镜时会觉得新奇有趣,会好奇自己在这个镜子里的影像为什么会变形。通过自制哈哈镜,动手改变曲面镜的弯曲角度,发现哈哈镜与普通镜子的区别,知道普通镜子的影像是正常的,弯曲的镜子里反射出来的影像是变形的,并发现弯曲角度与影像变形之间的关联。

光影游戏 7

游戏名称:放大镜好神奇

设计者:高叶蕾

参考年龄:大班

一、关键经验

光通过凸透镜,使物体看起来有变化。

二、游戏材料

放大镜、树叶、葫芦瓶、记录纸、底板卡、笔。

三、游戏玩法

(1)幼儿手持放大镜,透过放大镜观察树叶上的纹路。

(2)幼儿通过对比,观察放大镜中的树叶纹路与真实树叶纹路之间的区别。

（3）幼儿手持葫芦瓶，透过葫芦瓶观察树叶上的纹路以及底板卡上的线条。

（4）幼儿尝试将树叶纹路的变化记录下来。

四、观察指引

（1）幼儿手持放大镜和葫芦瓶观察树叶和线条纹路的变化。

（2）幼儿能否发现凸透镜将影像放大的现象。

五、游戏图片

图 3-26　　　　　　　　　　图 3-27

图 3-28

园长点评

　　幼儿都知道放大镜能将影像放大，那如果是凸透镜呢？是不是会有什么不一样的地方？本活动中提供的葫芦瓶，是一种外形特征非常明显的瓶子，幼儿在操作过程中发现光通过凸透镜，会使物体看起来有变化，对这个科学现象感到好奇。

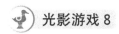 **光影游戏 8**

游戏名称:潜望镜

设计者:高叶蕾

参考年龄:大班

一、关键经验

(1)平面镜能改变光的传播方向。

(2)在特定条件下,物体的镜像能被多个平面镜不断传递。

二、游戏材料

潜望镜组合零件、城堡、记录纸、笔。

三、游戏玩法

(1)两名幼儿共同游戏。其中一名幼儿在城堡中组装潜望镜零件,调整位置和角度,将组装好的潜望镜从城堡的洞里探出去。另一名幼儿将小鱼卡片放在潜望镜探出来的那一端。

(2)城堡中的幼儿继续尝试调整潜望镜零件的位置和角度,直至能看见小鱼的影像。

(3)幼儿在不同位置的洞中,重复以上游戏玩法,将看到的小鱼记录下来。

四、观察指引

观察幼儿能否通过不断调整自己镜子的位置和角度来发现小鱼并进行记录。

五、游戏图片

图 3-29

图 3-30

图 3－31

图 3－32

园长点评

　　游戏在城堡场景中进行,孩子们通过潜望镜来看外面的情况,游戏的趣味性强,能大大吸引幼儿的兴趣。材料中提供的潜望镜零件可供幼儿自己摆弄和调整位置,在摆弄调整的过程中,幼儿会发现平面镜能改变光的传播方向,会发生反射。通过这个游戏,让幼儿和小伙伴在合作游戏的过程中感受光影技术的神奇。

光影游戏 9

游戏名称:七色彩虹

设计者:高叶蕾

参考年龄:大班

一、关键经验

(1) 光含有多种颜色。

(2) 光通过多棱镜反向折射后会出现多种色彩。

二、游戏材料

阳光、多棱镜、白纸、记录纸、蜡笔。

三、游戏玩法

(1) 幼儿在阳光下将多棱镜置于白纸上方进行摆弄。

（2）幼儿摆弄多棱镜，观察白纸上的变化，并用蜡笔将观察到的内容记录下来。

四、观察指引

观察幼儿能否通过摆弄镜子在白纸上找到彩虹并用自己的方式记录彩虹的颜色。

五、游戏图片

图 3-33   图 3-34

图 3-35

园长点评

幼儿平时观察到的阳光是一种单色光，阳光通过多棱镜能被分解成七种颜色，这一现象对幼儿来说是非常有趣的，能引发幼儿的思考，也能帮助幼儿进一步理解为什么雨后有时会出现"彩虹"这一自然现象。幼儿在观察到彩虹后，用自己的表达方式将彩虹画下来是一种个体对自然理解的充分表达。

 **光影游戏 10**

游戏名称:光影森林

设计者:徐虔

参考年龄:大班

一、关键经验

(1)光被遮挡后形成影子。

(2)影子大小变化与光源、物体以及两者与背景板之间的远近有关。

二、游戏材料

手电筒、动物卡片、森林底板、白板、黑纸板、笔和记录板。

三、游戏玩法

(1)选择自己喜欢的动物卡片,打开手电筒照射小白兔和小猴子,观察它们影子的形成情况。

(2)固定动物卡片,移动手电筒位置,观察动物卡片形成的影子的大小变化情况。

(3)固定手电筒,移动动物卡片位置,观察动物卡片形成的影子的大小变化情况。

(4)当动物卡片与手电筒之间的距离保持不变时,移动动物卡片与手电筒,让它们与背景板之间的距离由近到远,观察动物卡片形成的影子大小变化情况。

(5)记录游戏过程和结果。

四、观察指引

(1)观察幼儿使用手电筒、动物卡片及背景板的情况。

(2)观察幼儿能否通过调整光源、物体以及两者与背景板之间的距离,观察影子形成的原因及影子大小的变化情况。

五、游戏图片

图 3 - 36

图 3 - 37

图 3 - 38

图 3 - 39

图 3 - 40

园长点评

　　结合"光影森林"的情境,抓住幼儿好奇心,让幼儿在游戏和探索中感知和积累有关光的科学经验,引导幼儿通过观察、对比,发现影子形成的原因,在调整光源、物体以及两者与背景板之间距离的过程中,了解光源远近与影子大小之间的关系,探索更多关于光影的秘密。

光影游戏 II

游戏名称:镜中猜物

设计者:徐虔

参考年龄:大班

一、关键经验

物体可以通过平面镜成像。

二、游戏材料

转盘镜子玩具、图案卡片、笔、记录表。

三、游戏玩法

(1)一名幼儿将画有图案的卡片放在镜子转盘上(有图案的一面对着镜子),另一名幼儿通过镜子猜猜卡片上是什么。

(2)幼儿通过从分割的各块区域的平面镜中观看,猜猜整张图片上是什么,并在记录表上圈出自己猜出的物体。

(3)两位幼儿互换角色轮流进行游戏。

四、观察指引

(1)观察幼儿使用镜子转盘和摆放卡片的情况。

(2)观察幼儿能否根据镜中物体的特征猜测卡片中的图案,并正确圈出自己猜出的物体。

五、游戏图片

图 3－41　　　　　　　　图 3－42

图 3－43   图 3－44

园长点评

　　镜中猜物游戏是利用镜面成像和光的反射原理,让幼儿通过观察镜子中的局部图案,结合自身已有经验进行联想,推测卡片上的图案的一种游戏。在此过程中,幼儿不仅能了解一定的镜面科学原理,还能发展专注力、想象力、图案组合能力以及由"部分"推测"整体"的逻辑思维能力。

光影游戏 12

游戏名称:好玩的皮影游戏
设计者:仲晓艳

参考年龄:大班

一、关键经验

(1)光被遮挡后形成影子。

(2)影子的变化与光源、被照物体、投影面的距离有关。

二、游戏材料

皮影戏剪影、皮影舞台、手电筒若干、幕布若干、长尾夹若干。

三、游戏玩法

(1)一名幼儿任意选择皮影人物放在幕布上,另一名幼儿打开手电筒照射,形成影子,然后观察幕布呈现效果的变化。

（2）记录游戏过程和结果后,交换角色。

四、观察指引

（1）观察幼儿能否按照自己的想法在幕布后摆弄各种材料。

（2）观察幼儿能否感知和发现影子变化的原因。

五、游戏图片

图 3－45

图 3－46

图 3－47

园长点评

　　游戏将中国民间传统艺术形式皮影戏与光的探索相融合,游戏需要至少三名幼儿分工合作完成,这有助于大班幼儿社会性的发展,有一定的挑战性。让幼儿在玩中感知和积累有关光的科学经验,同时加深对中国经典民间艺术的印象和喜爱之情。

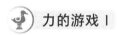

游戏名称:磁铁迷宫

设计者:朱晓赟

参考年龄:小班

一、关键经验

磁力能吸附有磁性的物质。

二、游戏材料

磁铁板、磁铁轨道、小球、轨道路径参考图。

三、游戏玩法

(1) 幼儿根据卡片提示,尝试使用磁性轨道进行拼接。

(2) 完成拼接后,放入小球,并观察小球能否在轨道中顺利滑出去。

四、观察指引

(1) 幼儿能否通过动手操作,感知和发现磁的简单物理现象。

(2) 幼儿能否通过游戏了解磁铁能吸铁制品的特性。

五、游戏图片

图 3-48

图 3-49

园长点评

通过直观的磁性轨道游戏材料来吸引幼儿投入游戏中。幼儿在动手操作的过程中自主拼接不同的轨道,并尝试让小球滚动前行,在和伙伴的交流互动中感受磁铁能够吸附有磁性的物体这一特性。游戏符合幼儿直觉思维的年龄特点,让幼儿真正感受到"玩中学,学中玩"的乐趣。

 力的游戏 2

游戏名称:小猫钓鱼

设计者:陆佩青

参考年龄:小班

一、关键经验

磁铁有磁性,具有吸附力,能吸引含铁的物体。

二、游戏材料

鱼竿、小鱼(带磁性或不带磁性的)、海洋场景拼图、数字卡片。

三、游戏玩法

幼儿抽取数字卡片,用鱼竿自主钓起相应数量的鱼,通过比赛看谁钓的鱼最多。

四、观察指引

观察幼儿能否发现鱼竿能吸附小鱼,并且只有带磁性或铁质物的小鱼才能被吸起来。

五、游戏图片

图 3－50　　　　　　　　　图 3－51

幼儿天生喜欢小动物,创设极具情境性的场景能让幼儿身临其境地游戏,提高幼儿参与活动的兴趣。活动引导幼儿动手动脑、通过仔细观察,发现带磁性或铁质物的小鱼才能被吸起来这一科学现象。幼儿通过动手操作探索事物,对能钓起来这个结果感到兴奋。

力的游戏 3

游戏名称:轨道小车

设计者:朱晓赟

参考年龄:中班

一、关键经验

磁铁有磁性,具有吸附力,能吸引含铁物体。

二、游戏材料

大小不一的磁铁小车、木质磁吸轨道、塑料磁吸轨道、马克笔、记录本。

三、游戏玩法

(1)幼儿尝试利用不同磁极的小车,让小车在轨道中开起来。

(2)引导小车越过不同的轨道路线和桥,发现大小不同的小车在不同的管道中行驶状态的区别,并尝试进行记录。

四、观察指引

观察幼儿能否发现磁铁有磁性,具有一定的吸附力。

五、游戏图片

图 3－52 图 3－53

园长点评

　　小车是幼儿非常喜欢的一种玩具,小车过轨道的游戏情景也是幼儿的日常生活经验。幼儿在轻松愉悦的氛围中自主探索,通过搭建轨道,并尝试在不同位置放置小车,在动手操作的过程中感受磁的一些简单的物理现象,即磁铁同性相斥、异性相吸。

力的游戏4

游戏名称:神奇迷宫

设计者:胡奕慧

参考年龄:中班

一、关键经验

磁铁具有磁性。

二、游戏材料

磁力片、小球、迷宫盘。

三、游戏玩法

幼儿可以根据图示摆放磁力片来完成迷宫,让小球走出迷宫,也可以根据自己的想法设计摆放迷宫。

四、观察指引

幼儿在亲自操作摆放磁力片的过程中，体验发现磁力片与迷宫盘中的磁性点需要相互对应才能更好地吸附，让搭建的迷宫更加牢固这一特点。

五、游戏图片

图 3-54

图 3-55

图 3-56

园长点评

　　游戏材料安全易操作，利用磁铁的吸附现象，给幼儿自行设计创造的空间，引导幼儿在放一放、试一试的过程中，感受磁力的特点，在小球成功走出迷宫后获得满足感，提升幼儿的空间想象力，进一步引导幼儿对于磁力现象的探索欲望。

🦆 **力的游戏5**

游戏名称:趣味磁力画

设计者:王慧

参考年龄:中班

一、关键经验

磁铁能隔着一些材料吸附含铁的物体。

二、游戏材料

白纸、托盘、可水洗颜料、吸铁石、铁的小物件、夹子。

三、游戏玩法

(1) 将白纸平铺放入托盘中。

(2) 选取喜欢的颜色,使用夹子将2~3个带铁的小物件蘸上颜料,放在托盘里。

(3) 吸铁石放在托盘下方,通过移动吸铁石来控制盘子里的带铁物件移动创作趣味磁力画。

四、观察指引

(1) 观察幼儿能否发现磁铁同性相吸的原理。

(2) 观察幼儿能否通过移动吸铁石控制带铁的物件。

五、游戏图片

图 3 - 57 图 3 - 58

没想到磁铁的加入让画画变得更加有趣了！幼儿在感受颜色混色之美的同时，还可以发现简单的物理现象，锻炼小手的灵活性和手眼协调性。温馨提示：幼儿在尝试时，可以垫上桌布，穿上罩衣，防止颜料沾染在衣服上。

力的游戏6

游戏名称：小磁人运球

设计者：胡奕慧

参考年龄：大班

一、关键经验

磁铁隔着材料能相互吸附，相互影响。

二、游戏材料

含有磁铁的小人、小球、球盘。

三、游戏玩法

幼儿尝试在球盘下方操作运球。

四、观察指引

观察幼儿在球盘操作的过程中，能否发现磁铁隔着材料还能相互吸附，并相互影响，形成移动，达到运球的效果。

五、游戏图片

图 3-59　　　　　　　　　　图 3-60

园长点评

　　游戏材料简单易得、可操作性强。通过两两对抗竞赛的游戏方式,发现磁铁异性相吸的科学现象。游戏符合大班幼儿具有合作意识和合作能力的年龄特点,同时小人移动对抗的游戏现象非常直观,每次的比赛结果又各不相同,激发幼儿进一步探索的欲望。教师提供记录纸,能让幼儿用图画或者其他符号来尝试记录自己的探究过程或者结果,让个体的经验逐渐变成共性的经验。

力的游戏 7

游戏名称:穿越丛林

设计者:陆佩青

参考年龄:大班

一、关键经验

观察并感受磁铁异极相吸的拉力和同极相斥的推力。

二、游戏材料

KT板、绿色垫板、小树林、强力磁铁一块、磁铁小车若干。

三、游戏玩法

(1)两人一组合作将小树林插在底板上。

(2)每人选一辆小车在树林中穿梭,避免撞车或者将小树撞倒。

四、观察指引

(1)观察幼儿能否合作完成小树林的放置,规划出合理的路线。

(2)观察幼儿能否正确使用磁铁来控制小车在树林中穿梭。

五、游戏图片

图 3-61

图 3-62

图 3-63

园长点评

　　通过创设具有挑战情节的游戏场景,以竞赛的形式开展游戏对大班幼儿来说,既符合年龄特点,又具有一定的挑战性。在活动中,幼儿根据不同的关卡提示,通过使用磁铁来引导小车从起点到目的地,完成相应的路径,能让幼儿具象感受磁力的大小与车子行走的变化,进一步引导幼儿探究磁性相斥和相吸的物理特性,提升幼儿的观察力和探究力。

 力的游戏 8

游戏名称:磁汇贯通

设计者:陆佩青

参考年龄:大班

一、关键经验

观察并感受磁铁异极相吸的拉力和同极相斥的推力。

二、游戏材料

方形磁力片、管道、小球、图示若干。

三、游戏玩法

（1）用磁力片自由组合拼搭，保证管道都可以畅通地连接起来，让小球顺着管道滚起来。

（2）根据图示要求来组合，让小球根据不同线路的管道滚起来。

四、观察指引

（1）观察幼儿能否根据图片来组合拼搭管道。

（2）观察幼儿能否让小球顺着管道动起来。

五、游戏图片

图 3 - 64

图 3 - 65

园长点评

　　游戏材料可变性强，幼儿通过探索活动感受磁力片相互吸引的现象，体会到使用材料自由搭建的趣味。游戏能帮助幼儿提升想象力，体验探究的成就感。同时，游戏符合大班幼儿协作游戏的特征，帮助幼儿提升合作能力。

游戏名称:平衡小帆船

设计者:朱晓赟

参考年龄:大班

一、关键经验

了解磁铁同性相斥、异性相吸的原理。

二、游戏材料

自制小汽车、各种磁铁、记录表。

三、游戏玩法

（1）选择磁铁放入小车前后不同的位置。

（2）将放入磁铁的小车前后相接,观察感受小车的不同变化。

（3）用观察表记录磁铁放在不同位置后,车辆行进中变化的情况。

四、观察指引

（1）观察幼儿能否自主尝试选择磁铁插入小车。

（2）观察幼儿能否观察到小车间相吸或相斥的变化。

五、游戏图片

图 3－66

图 3－67

园长点评

　　游戏材料简单易制,并且可以和主题"我们的城市"结合投放。通过提供多种不同的材料,让幼儿在猜一猜、试一试的探索过程中,发现磁铁的相吸相斥的特性。游戏具有一定的可操作性和挑战性,符合大班幼儿的年龄发展特点,能够吸引幼儿积极参与和探索。

力的游戏 10

游戏名称:平衡小企鹅

设计者:周雯婷

参考年龄:大班

一、关键经验

物体在两个力的作用下保持静止的状态,就是二力平衡现象。

二、游戏材料

平衡板、不同组合的小企鹅若干、骰子、记分牌。

三、游戏玩法

(1)将平衡板拼搭完毕。

(2)单人游戏:在小平衡板上放置不同的小企鹅,尝试让平衡板保持平衡状态,探索物体重量、摆放位置与平衡板的摇摆状态之间的关系。

(3)双人游戏:轮流投掷骰子,根据骰子上的提示,摆放小企鹅,保持平衡板平衡。当平衡板不能保持平衡,企鹅掉下时就分出输赢,赢了的一方得一分。

四、观察指引

(1)观察幼儿能否摆放不同数量的小企鹅让平衡板保持平衡。

(2)观察幼儿能否两两合作完成游戏。

五、游戏图片

图 3-68

图 3-69

园长点评

企鹅的形象非常生动,能够提高幼儿对游戏的参与度。同时,将二力平衡的科学现象以益智游戏的方式进行呈现,让幼儿在感知力的平衡的过程中,提升幼儿对科学现象探究的兴趣,同时获得与同伴合作游戏的乐趣。

力的游戏 II

游戏名称:平衡树

设计者:周雯婷

参考年龄: 大班

一、关键经验

物体的平衡(施力点在物体的重心上,物体的各个方向的重量相同,就会平衡)。

二、游戏材料

纸筒芯、不同材质的夹子、小桌板。

三、游戏玩法

(1)单人游戏:把纸筒芯竖立在桌面上,在圆口上夹上夹子,不断地在夹子上累加并保持纸筒芯的平衡。尝试让树变得更加高大。

(2) 双人游戏：两人轮流夹夹子，圆筒芯倒下时该方为输。

四、观察指引

(1) 观察幼儿能否发现物体的平衡。

(2) 观察幼儿能否通过操作保持物体的平衡。

五、游戏图片

图 3-70

图 3-71

图 3-72

图 3-73

园长点评

　　游戏材料简单易得，而夹子的不同着力点变化使游戏变得更加充满挑战性。幼儿通过两两合作和竞技的方式，保持自己小树的平衡状态。同时夹夹子的动作，也提升了幼儿游戏操作的难度，让游戏的可玩性更强。幼儿在"玩中学，做中学"，感知和积累相关的科学经验，提高探究、尝试、发现的能力。

游戏名称:麋鹿摇摇乐

设计者:陆佩青

参考年龄:大班

一、关键经验

物体在力的作用下,保持静止的状态。

二、游戏材料

麋鹿模型、木制鹿角。

三、游戏玩法

(1)单人游戏:把麋鹿摇摆桥竖立在桌面上,将木制鹿角放置在摇摆桥上,不断地在摇摆桥上放置鹿角,尝试让麋鹿保持平衡。

(2)双人游戏:两人轮流放置木制鹿角,麋鹿倒下时该方为输。

四、观察指引

(1)观察幼儿摆放木制鹿角的情况。

(2)观察幼儿能否通过操作保持麋鹿的平衡。

五、游戏图片

图 3-74　　　　　　　　　　图 3-75

园长点评 ──────

　　麋鹿的形象生动有趣,能够提高幼儿参与游戏的兴趣。同时,将力平衡的科学现象以益智游戏的方式进行呈现,让幼儿感知力的平衡,提升其对科学现象探究的兴趣。

力的游戏 13

游戏名称:小猴爬树

设计者:朱晓赟

参考年龄:大班

一、关键经验

锯齿圆柱齿轮受力能够带动物体移动。

二、游戏材料

带有磁铁的透明圆筒、磁铁底板、纸筒芯、齿轮玩具、小猴玩具。

三、游戏玩法

(1)利用透明圆筒在磁铁底板上拼搭路线。

(2)在齿轮上绑上小猴子。

(3)转动齿轮让小猴子通过透明圆筒爬上纸筒芯树。

四、观察指引

(1)观察幼儿能否利用齿轮移动小猴子。

(2)观察幼儿能否利用不同的纸筒搭建路线完成游戏。

五、游戏图片

图 3 - 76　　　　　　　　　　　　图 3 - 77

园长点评

　　游戏利用齿轮玩具将机械力的科学现象和轨道路线相结合,用生动形象的方式向幼儿展现了机械力的有趣现象。不同的齿轮材料,增强了游戏的趣味性,让幼儿在试一试、做一做的过程中,感受科学现象。

力的游戏 14

游戏名称:堡垒大挑战
设计者:周雯婷

参考年龄:大班

一、关键经验

感知力是物体之间的相互作用。

二、游戏材料

圆球和棒形游戏材料、地毯。

三、游戏玩法

(1)根据任务书的提示进行图形的拼搭。

（2）幼儿发挥想象,合作进行立体图形的拼搭。

四、观察指引

（1）观察幼儿能否利用材料组合搭建不同结构的立体图形。

（2）观察幼儿能否相互合作,共同完成稳固不倒的作品。

五、游戏图片

图 3-78　　　　　　　　图 3-79

 力的游戏 15

游戏名称:磁力永动小达人

设计者:王慧

参考年龄:大班

一、关键经验

磁铁同性相吸,异性相斥。

二、游戏材料

永动笔模具、磁铁、笔杆。

三、游戏玩法

（1）根据安装步骤制作装置。

（2）将笔杆对准放入底座中心，调整磁极、高低。

（3）比一比谁的笔转得更久。

四、观察指引

（1）观察幼儿能否根据图示动手制作装置。

（2）观察幼儿能否发现笔杆转动的秘密。

五、游戏图片

图 3-80

图 3-81

图 3-82

园长点评

　　游戏材料将同性相吸、异性相斥的原理通过笔杆的旋转可视化，幼儿在动手操作中获得满足感。在这个实验中，通过调整磁铁平衡和笔尖摩擦力，笔杆可以旋转2分钟左右。游戏使幼儿对磁力现象感到惊叹的同时，了解磁力的奇妙。

力的游戏 16

游戏名称:丛林打靶

设计者:周雯婷

参考年龄:大班

一、关键经验

同一支点,不同方向和力量所产生的结果不同。

二、游戏材料

纸球、塑料球、泡沫球等;用塑料积木做出靶标的底座,木头架子上用扭扭棒绑上塑料积木,一头黏上塑料罐子做出投射器。

三、游戏玩法

(1)把各类球放入投射器的罐子里,用手扶住架子,另一只手拍打罐子的另一边,让球弹出去击打靶标。

(2)多人合作游戏:分成两队,轮流玩,打中靶标可以加一分,游戏结束计算得分情况。

四、观察指引

(1)观察幼儿能否利用游戏材料搭建起架子,迅速按压并将小球弹出去击中靶子。

(2)观察幼儿能否转动投射器材料的方向,或者调节按压力度尝试让小球弹出去击中靶心。

五、游戏图片

图 3-83

图 3-84

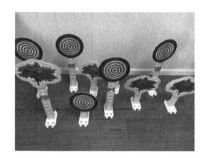

图 3 - 85

图 3 - 86

图 3 - 87

园长点评

　　游戏场景设计吸引幼儿,幼儿可根据自己的需要,选择相适宜的低结构材料进行组合。过程中,幼儿不断尝试调整塑料积木与板之间的距离和方向。在自主探索的过程中幼儿的深度学习悄然发生。

力的游戏 17

游戏名称:多米诺骨牌排排乐

设计者:陆佩青

参考年龄:大班

一、关键经验

感知和发现"力的传递"现象。

二、游戏材料

泡沫砖块若干、马克笔、记录本。

三、游戏玩法

（1）将泡沫砖块按照一定的距离进行摆放。

（2）用手推倒第一块，看看后面的砖块能否接连倒下。

（3）用笔将砖块的距离和路径在记录本上进行记录。

四、观察指引

（1）观察幼儿能否使用材料进行路径的搭建。

（2）观察幼儿能否发现距离和路径的不同会影响游戏的结果，并且能够及时根据自己的发现做出记录和调整。

五、游戏图片

图 3-88

图 3-89

图 3-90

图 3-91

　　幼儿观察多米诺骨牌倒下的过程,感受力和力之间是能够传递的现象。同时让幼儿通过游戏中的相互协作,提升游戏的参与感和成就感,在玩中感知和积累有关力的科学经验。

空气游戏 I

游戏名称:小手举起来

设计者:曾露

参考年龄:中班

一、关键经验

空气是真实存在的,它占据了一定的空间。

二、游戏材料

胶带、剪刀、手套、塑料瓶、水。

三、游戏玩法

(1)将手套套在瓶口,用胶带将手套与瓶接口处密封连接。

(2)将底部剪开的塑料瓶放入水中,观察手套的变化并尝试进行记录。

四、观察指引

(1)观察幼儿能否将手套套在瓶口,并将接口处密封连接。

(2)观察幼儿能否按照操作提示进行探究,发现手套发生变化的原因。

五、游戏图片

图 3－92

图 3－93

⚓ 园长点评

　　游戏可结合中班"水真有用"主题活动开展,幼儿可以通过简单的操作发现手套的变化,深入探究后发现无处不在的空气进入塑料瓶中占据了空间,使手套鼓起来的科学现象,从而引发幼儿对科学探索的兴趣。

🦆 **空气游戏 2**

游戏名称:吹球小达人

设计者:曾露

参考年龄:中班

一、关键经验

空气是流动的,流动的空气能够推动物体。

二、游戏材料

"植物大战僵尸"背景板及相关图片、自制不同粗细的管道、乒乓球、镂空纸杯。

三、游戏玩法

(1) 选择一个镂空纸杯,将纸杯套在起点。

（2）对着起点口用力吹气，观察乒乓球的运动变化。

（3）可三人同时比赛，观察在规定时间内，谁击中的"僵尸"最多。

四、观察指引

（1）观察幼儿能否安全使用镂空纸杯。

（2）观察幼儿能否感知管道粗细对气流大小的影响。

五、游戏图片

图3-94   图3-95

园长点评

　　游戏充分利用生活中随处可见的低结构材料，引导他通过观察、比较、操作等方式，发现问题、提出假设、解决问题，并不断积累科学经验。游戏材料可供多人同时进行，开展相关比赛，富有竞争性，符合大班幼儿的年龄特点。

空气游戏3

游戏名称：火山爆发

设计者：周雯婷

参考年龄：大班

一、关键经验

白醋和小苏打反应生成大量气体。

二、游戏材料

白醋、小苏打、洗洁精、红色素、火山模型、托盘、毛巾、护目镜、记录纸。

三、游戏玩法

（1）戴好护目镜，做好防护措施。

（2）将洗洁精、小苏打、红色素一次性加入烧杯（玻璃杯）中。

（3）观察并记录火山喷发的情况。

四、观察指引

（1）观察幼儿能否按顺序摆放火山实验材料。

（2）观察幼儿能否安全使用材料。

五、游戏图片

图 3-96   图 3-97

园长点评

    实验现象便于幼儿观察与发现，将游戏材料按顺序投入火山模型中，白醋和小苏打迅速发生反应喷涌而出，给予幼儿强烈的视觉冲击。红色素、洗洁精的加入会产生丰富的泡沫，更加有火山爆发的真实感。简单、有趣的探索实验，展示了神奇的科学现象，让幼儿在得到科学启蒙的同时，体验玩科学的乐趣。

 空气游戏4

游戏名称：造房子

设计者：周雯婷

参考年龄：大班

一、关键经验

空气是真实存在的,它占据了空间。

二、游戏材料

切成块的白萝卜、牙签、盆、肥皂水、示意图、毛巾若干。

三、游戏玩法

(1)用牙签将萝卜丁连接成各种立体造型。

(2)将立体造型轻轻地浸没在洗洁精中,再轻轻提起来,原先的空面处就会形成各种各样的立体图形膜。

四、观察指引

(1)观察幼儿能否使用牙签和萝卜丁组合建构各种立体图形。

(2)观察幼儿能否发现空气真实存在并会占据空间。

五、游戏图片

图 3-98

图 3-99

图 3-100

园长点评

空气是一种看不见摸不着的气体,它比固体、液体更抽象,要让幼儿感知空气的真实存在,可通过动手实验去体会,并尝试发现问题、提出问题。幼儿通过在玩中感知和积累有关空气的科学经验,并形成乐于探究的科学态度。

🦆 空气游戏 5

游戏名称:冰壶对抗赛

设计者:曾露

参考年龄:大班

一、关键经验

空气是真实存在的,它占据了空间。

二、游戏材料

自制冰壶、创设冰壶的赛道、记分牌。

三、游戏玩法

(1)两人或两队幼儿分组,从起点开始掷冰壶进行比赛。

(2)将冰壶掷进黄圈得 5 分,掷进绿圈得 8 分,分别进行记录。

四、观察指引

(1)观察幼儿能否使用自制冰壶进行对垒游戏。

(2)观察幼儿能否发现空气占据冰壶的空间与冰壶运动行驶的距离有关。

五、游戏图片

图 3 - 101　　　　　图 3 - 102

图 3 - 103

空气游戏 6

游戏名称:吸管顶球

设计者:王文晶

参考年龄:大班

一、关键经验

流动的空气能够推动物体。

二、游戏材料

牙膏盒、吸管、泡沫球、剪刀、图示步骤。

三、游戏玩法

(1) 在牙膏盒顶端、侧面分别开两个小口,插入吸管,吸管顶端剪成细条状。

（2）将球放置在细条状吸管顶端。

（3）朝侧面吸管口吹气，观察泡沫球运动的情况。

四、观察指引

（1）观察幼儿向吸管内吹气的情况。

（2）观察幼儿能否通过不断探索发现泡沫球悬空的原因。

五、游戏图片

图 3 - 104

图 3 - 105

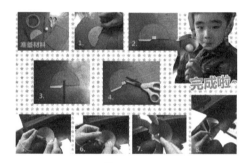

图 3 - 106

园长点评

　　游戏前教师可以提出问题："对着吸管口吹气，吸管顶端的小球会掉下来吗？"引导幼儿在问题情境中探索与发现，并在游戏后解释其中蕴含的科学原理，让幼儿的科学探究更有意义、更有效果。

游戏名称:火箭飞上天

设计者:曾露

参考年龄:大班

一、关键经验

流动的空气能够推动物体。

二、游戏材料

打气筒、火箭周边摆件、火箭模型。

三、游戏玩法

(1) 按压打气筒蓄力。

(2) 将火箭放在打气筒口,观察火箭能否飞起来。

四、观察指引

(1) 观察幼儿能否使用打气筒充气。

(2) 观察幼儿能否按照自己的意愿大胆摆弄各种材料,发现火箭飞起来的原因。

五、游戏图片

图 3 - 107

图 3 - 108

园长点评

　　游戏引导幼儿在操作中理解,在发现中学习。通过"做中学",感知空气和物体速度之间的关系,从而将科学启蒙的种子从小植根于孩子们心中。

空气游戏8

游戏名称:动力飞机

设计者:曾露

参考年龄:大班

一、关键经验

流动的空气能够推动物体,快速流动的空气能使飞机向上飞行。

二、游戏材料

飞机、气球、大型赛道、打气筒。

三、游戏玩法

(1) 用橡皮筋将气球固定在飞机上,并用打气筒打气。

(2) 放开打气筒,飞机就能飞出。

(3) 几个幼儿可以共同游戏,比一比谁的动力飞机跑得更远。

四、观察指引

(1) 观察幼儿使用打气筒给气球打气的情况。

(2) 观察幼儿能否选择合适的材料帮助飞机"启动",发现飞机起飞的原因。

五、游戏图片

图 3 - 109　　　　　　　　图 3 - 110

游戏让幼儿在玩中感知和积累有关空气流动产生推力的科学经验。游戏的挑战性强,要将飞机顺利飞出需要幼儿合作将飞机放稳,并向气球打气,松手的时候也需要技巧,这需要幼儿的协调配合,游戏过程中培养了幼儿的科学态度以及合作能力。

空气游戏 9

游戏名称:喷泉

设计者:王文晶

参考年龄:大班

一、关键经验

空气对事物的每个接触面都会产生压力。

二、游戏材料

配有盖子的透明饮料瓶、不同粗细的吸管、针筒、盘子、图示。

三、游戏玩法

(1)在瓶盖上扎两个小洞,并将瓶子装满水,插入两根吸管,一根竖、一根弯。

(2)用针筒或嘴持续地向竖着的吸管内充气。

(3)观察弯着的吸管内是否会有水流出来。

四、观察指引

(1)观察幼儿使用各类吸管制作喷泉的情况。

(2)观察幼儿能否大胆探究,尝试发现水流变化的原因。

五、游戏图片

图 3 - 111

图 3 - 112

园长点评

　　《指南》在科学领域中建议:"给幼儿提供丰富的材料和适宜的工具,支持幼儿在游戏过程中探索并感知常见物质、材料的特性和物体的结构特点。"制作"小喷泉"不仅丰富了幼儿的科学探究经验,同时通过观察比较、不断尝试,让幼儿形成爱科学、会思考的良好品质。

空气游戏 10

游戏名称:趣味"浮"球

设计者:曾露

参考年龄:大班

一、关键经验

流动的空气能够推动物体。

二、游戏材料

打气筒、水管接头、可乐瓶、悬浮球、羽毛、长短不一的玻璃水管、水管盖。

三、游戏玩法

（1）2～3人共同搭建管道，形成气流通道。

（2）一人将羽毛或小球放在一侧管道口。

（3）通过对另一侧管道口打气，使小球或羽毛"悬浮"起来。

四、观察指引

（1）观察幼儿使用管道进行连接的情况。

（2）观察幼儿能否大胆探索让小球或羽毛"悬浮"，并发现使其"悬浮"的原因。

五、游戏图片

图 3－113

图 3－114

🏫园长点评

　　游戏融合了幼儿的自主建构，幼儿需要将管道连通再进行游戏的探索。同时，游戏更具开放性和探索性，幼儿可以通过自我建构"通道"，探索让小球或羽毛"悬浮"的连接方法，在不断的探索中感知空气流动的科学现象。

游戏名称:螺旋桨气球

设计者:王文晶

参考年龄:大班

一、关键经验

流动的空气能够推动物体,快速流动的空气能使飞机向上飞行。

二、游戏材料

气球、螺旋桨装置、打气筒。

三、游戏玩法

(1)将螺旋桨拼装好。

(2)给气球打气,装在螺旋桨下方。

(3)两个幼儿一组进行比赛,比比哪一组的螺旋桨先飞起来,并进行记录。

四、观察指引

(1)观察幼儿使用气球和螺旋桨装置的情况。

(2)观察幼儿能否发现螺旋桨起飞的原因。

五、游戏图片

图 3 - 115　　　　　　　　　　图 3 - 116

科学教育密切联系幼儿的实际生活,气球、螺旋桨、打气筒也能够助力幼儿的"大发现"。幼儿通过动手探究,动脑思考,探索科学秘密,感知空气快速流动产生推力的科学经验,萌发对直升机原理的好奇心。

空气游戏 12

游戏名称:降落伞

设计者:曾露

参考年龄: 大班

一、关键经验

空气能使运动的物体减速。

二、游戏材料

不同材质伞面的降落伞、轻重不同的夹子、橡皮泥。

三、游戏玩法

(1)一个降落伞下绑着轻夹子,另一个降落伞下绑橡皮泥的小碗,让两个降落伞在同一高度同时降落,并比较下落的情况。

(2)同种材料、大小不同的伞衣和夹子,在同一高度降落的情况。

(3)伞衣的大小、夹子、橡皮泥都相同,但伞衣的材料分别是塑料薄膜和手帕,让两个降落伞在同一高度同时降落,观察降落的情况。

四、观察指引

(1)观察幼儿使用不同伞衣、悬垂物制作降落伞的情况。

(2)观察幼儿能否发现不同的降落伞形状、伞衣大小或者悬垂物与降落伞下降速度的关系。

五、游戏图片

图 3 - 117

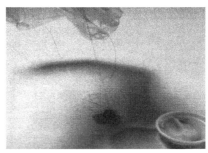

图 3 - 118

图 3 - 119

园长点评

　　降落伞游戏是一种低结构、有趣并富有挑战性的科学游戏。幼儿在反复尝试中,解决问题的能力、观察比较的能力以及创造性思维都在发展。他们在玩中学习,并习得粗浅的科学知识,积累相关经验。

空气游戏 13

游戏名称:潜水艇的秘密

设计者:周雯婷

参考年龄:大班

一、关键经验

空气是真实存在的,它占据了空间。

二、游戏材料

透明水管、带有洞口的饮料瓶、防水袖套、打气筒、记录纸、笔、周转箱(模拟大海)。

三、游戏玩法

(1)将"潜水艇"放入"大海"中,探索让"潜水艇"沉入海底的方法。

(2)当"潜水艇"沉入"海底"时,尝试使用不同工具让"潜水艇"浮出水面。

四、观察指引

(1)观察幼儿能否将透明水管与水瓶连接,尝试将"潜水艇"沉入水中。

(2)观察幼儿能否通过改变"潜水艇"内水量的多少,发现沉浮的变化。

五、游戏图片

图 3 - 120

图 3 - 121

图 3 - 122

图 3 - 123

园长点评

　　游戏的设计来源于主题"有趣的水"，幼儿通过日常活动对潜水艇的结构和功能有一定的认知经验。在游戏实验中，幼儿通过改变潜水艇的沉浮状态，对"空气占据了一定的空间"这一核心科学经验有了进一步的感知和了解。

电的游戏 I

游戏名称：跟我走吧

设计者：李晶

参考年龄：小班

一、关键经验

摩擦会产生静电，静电能吸住细小的物体。

二、游戏材料

各种材质的小棒、一块平滑的板、泡泡器。

三、游戏玩法

（1）把平滑的板铺在桌面上。

（2）用泡泡器，对着平板吹泡泡。

（3）选择一种材料的小棒，在头部或其他材料上进行摩擦。

（4）将摩擦过的小棒靠近泡泡，带动泡泡向前进。

四、观察指引

（1）观察幼儿选择的小棒是否能通过摩擦产生静电。

（2）观察幼儿带动泡泡前进的同时能否保护泡泡。

五、游戏图片

图 3 – 124

图 3 – 125

 长点评

> 幼儿运用熟悉的材料,探究泡泡在小棒下的移动,感知不同材料的小棒对泡泡产生的不同影响。游戏可结合主题"好玩的水",充满趣味性,让幼儿培养热爱科学的情感,养成良好的探究习惯。

🐦 电的游戏 2

游戏名称:电动玩具动起来
设计者:唐诗韵

参考年龄:中班

一、关键经验

电池有正负极。

二、游戏材料

20 节 5 号电池、20 节 7 号电池、各种电动玩具、游戏垫。

三、游戏玩法

(1)为不同电动玩具选择正确的电池。

(2)为电动玩具正确安装电池。

(3)打开电动玩具的开关,让电动玩具动起来。

四、观察指引

（1）观察幼儿能否为电动玩具选择正确大小的电池。

（2）观察幼儿能否正确安装电池，让电动玩具动起来。

五、游戏图片

图 3－126

图 3－127

图 3－128

图 3－129

🏫 园长点评

　　游戏能让幼儿感知电池能够发电的原理，并且在探索中逐步发现电池有正负极，需正确安装才能成功发电等相关经验。激发幼儿对电的探索兴趣和欲望。

电的游戏 3

游戏名称：带电的报纸
设计者：李晶

参考年龄：中班

一、关键经验
摩擦会产生静电，静电能吸住细小的物体。

二、游戏材料
报纸、铅笔。

三、游戏玩法
（1）展开报纸，把报纸平铺在墙壁上。

（2）让铅笔躺在报纸上迅速来回滑动，发现报纸的静电现象。

（3）掀起报纸的一角，观察报纸被墙壁吸回去的现象。

（4）将报纸慢慢揭下来，寻找静电的声音。

四、观察指引
（1）观察幼儿用铅笔在报纸上摩擦的动作是否正确。

（2）观察幼儿能否成功让报纸吸附在墙壁上。

五、游戏图片

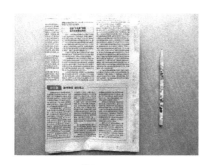

图 3-130

图 3-131

图 3 - 132

长点评

　　孩子是通过操作实践来探究周围感兴趣的事物与现象的,在游戏中幼儿能通过仔细聆听,感知静电产生的声响。幼儿在摆弄报纸的过程中产生疑惑:为什么铅笔滚过的地方,报纸特别容易被粘住?他们更喜欢用图画或符号记录探究的过程和结果,让探究活动变得生动、形象、有趣。

电的游戏 4

游戏名称:气球历险记

设计者:戴杰元

参考年龄:中班

一、关键经验

摩擦会产生静电,静电能吸住细小的物体。

二、游戏材料

游戏场景创设、气球、碎纸屑、易拉罐、空瓶、吸管、树袋熊贴纸。

三、游戏玩法

(1)第一关:摩擦气球,利用静电吸掉碎纸屑。

（2）第二关：摩擦气球，利用静电移动易拉罐。

（3）第三关：用空瓶、吸管、树袋熊贴纸制作成"飞椅"，摩擦气球并靠近树袋熊贴纸，使"飞椅"转动起来。

四、观察指引

（1）观察幼儿能否让气球产生静电。

（2）观察幼儿能否利用静电完成所有的关卡。

五、游戏图片

图 3 - 133

图 3 - 134

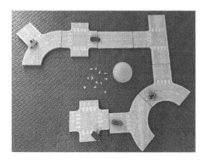

图 3 - 135

图 3 - 136

图 3 - 137

图 3 - 138

长点评

　　游戏以闯关的形式开展,难度层层递进。幼儿通过使用气球这个主体材料,使用摩擦的办法让气球表面产生静电,从而扫清路上的障碍(碎纸屑和易拉罐),最终成功转动飞椅。通过动手实践,幼儿知道产生静电的方法并感知到静电所产生的力量,在游戏情景中发现静电的秘密。

电的游戏 5

游戏名称:静电拔河赛

设计者:唐诗韵

参考年龄:中班

一、关键经验

摩擦会产生静电,静电能吸住细小的物体。

二、游戏材料

尺、易拉罐、梳子、背景板、气球。

三、游戏玩法

选择不同的工具尝试移动易拉罐,先移动到对方的领地为胜利者。

四、观察指引

(1)观察幼儿能否使用各种材料让易拉罐滚动。

(2)观察幼儿能否将易拉罐滚动到对方的区域。

五、游戏图片

图 3-139　　　　　　　　　　图 3-140

静电是生活中常见的现象。游戏采用对战的方式,两名幼儿分别使用各种材料进行尝试,利用静电现象滚动易拉罐,由此发现静电的力量。在游戏中直观地感受静电,由此进一步感知物体摩擦会产生静电的物理现象。

电的游戏6

游戏名称:能量魔法球

设计者:杨扬

参考年龄:大班

一、关键经验

人体能导电。

二、游戏材料

能量球、导线、铜片、金属勺子、塑料梳子、记录表等。

三、游戏玩法

(1)用导线将铜片与能量球上的铁片连接。

(2)将各种不同材料的物体贴近能量球,听一听能量球能否发出声音,并记录。

四、观察指引

(1)观察幼儿能否发现能量球可以发出声音的现象。

(2)观察幼儿能否使用不同物体贴近能量球,尝试让它发出声音。

五、游戏图片

图 3－141

图 3－142

园长点评

　　电在生活中无处不在,此游戏通过能量球能发出声音这一现象,让幼儿发现原来电是可以感受到的。同时,幼儿在运用不同物体靠近能量球时,能量球也可能会不发出声音,或发出微弱的声音。这些现象激励幼儿不断尝试,并对电的游戏保持好奇心。

电的游戏7

游戏名称:"城市"之光

设计者:杨扬

参考年龄:大班

一、关键经验

电能可以转化为光能。

二、游戏材料

光学积木套装。

三、游戏玩法

(1)将电池盒、导线、开关在底板上搭建基础电路。

(2)以基础电路为地基,幼儿将灯条进行叠加和建构,尝试搭建"城市"。

(3)打开开关,"城市"发出美丽的光芒。

四、观察指引

(1)引导幼儿按操作指引搭建基础电路。

(2)观察幼儿能否发现灯条的颜色变化。

五、游戏图片

图 3-143

图 3-144

图 3-145

园长点评

　　"城市"之光(光学积木)搭建方法简单,幼儿易于上手,发光的配件增添了搭建的乐趣,让幼儿在自主搭建高楼的过程中体验神奇的电路搭建效果,得到满满的成就感。在搭建过程中,幼儿会发出疑问:为什么灯条的颜色不一样呢? 随着灯条的摆放方向不同,灯条会发出白光或蓝光,这一现象和灯条连接的正负极息息相关,也激发了幼儿进一步探索的欲望。

🐦 **电的游戏 8**

游戏名称:纸电路

设计者:杨扬

参考年龄: 大班

一、关键经验

电能可以转化为光能。

二、游戏材料

电路图、电池盒、LED 灯泡、导电胶带。

三、游戏玩法

(1) 取出电路卡片,粘贴导电胶带。

(2) 将灯泡引脚,两端对齐电路,并用导线胶带固定。

(3) 将电池和电池盒的两端固定在电路图上。看,小灯泡亮起来了!

(4) 撕开导线胶带并将其翘起来,制成简单的开关。

四、观察指引

(1) 观察幼儿能否根据电路图完成电路安装。

(2) 观察幼儿能否尝试让更多的小灯泡亮起来。

五、游戏图片

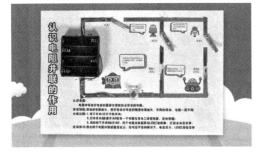

图 3 - 146

图 3 - 147

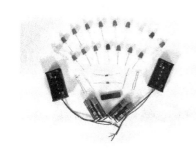

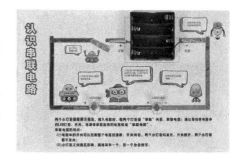

图 3-148 图 3-149

电的游戏 9

游戏名称:有趣的电路

设计者:杨扬

参考年龄:大班

一、关键经验

电源、电键、电器等连接构成电流的回路。

二、游戏材料

各类电子积木零件、电源电线零件等。

三、游戏玩法

根据图示将各种零件进行连接,连通电路,让灯泡或风扇等启动。

四、观察指引

(1) 观察幼儿是否了解回路电路的组成部分,能否进行简单组装。

(2) 观察幼儿能否尝试自己组装简单的电路回路让灯泡亮起来、让电扇转起来等。

五、游戏图片

图 3 - 150

图 3 - 151

图 3 - 152

园长点评

　　电子积木是幼儿非常喜欢的游戏,游戏中有很多配件,幼儿可以根据图片的提示自主尝试或者按照自己的意愿任意组装,根据不同的组装方式,会产生不同的结果。孩子在游戏过程中会体验到构成电流回路的条件和原理。

🦆 电的游戏 10

游戏名称:电子迷宫

设计者:杨扬

参考年龄:大班

一、关键经验

金属可以导电。

二、游戏材料

电子迷宫、电池、金属手柄。

三、游戏玩法

将带圆环的金属手柄穿过电子迷宫。金属手柄碰到金属迷宫时，会发出警报声，同时灯光会闪烁。

四、观察指引

（1）观察幼儿能否使用金属手柄穿过迷宫。

（2）观察幼儿能否手眼协调，在探索中尝试让金属手柄不碰到迷宫。

五、游戏图片

图 3 - 153

图 3 - 154

园长点评

> 幼儿在游戏的过程中会产生疑惑：为什么迷宫会一直发出警报呢？当他们进一步探索后会发现，原来当金属手柄触碰到通电的迷宫时，迷宫就会产生反应：发出警报声，灯光闪烁。从而感受到金属可以导电的现象。同时该游戏可玩性强，需要幼儿高度专注和良好的手眼协调性，一旦警报声响就需要重新来过，极具挑战性。

🦆 **声音游戏 I**

游戏名称:声音对对碰

设计者:陆佩青

参考年龄:小班

参考主题:好听的声音

一、关键经验

听辨周围的各种声音,区别不同的声音及其所表示的意义。

二、游戏材料

录音机里的 16 种声音(家里的各种声音、动物的叫声、汽车的声音),泡沫垫组成的 16 方格地毯(上面贴有这些声音对应的图片)。

三、游戏玩法

根据录音机里播放的声音,跳到相对应的格子里。

四、观察指引

观察幼儿能否将不同的声音一一对应。

五、游戏图片

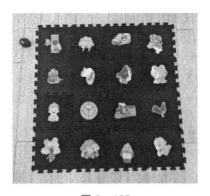

图 3－155

📦 **园长点评**

通过对小班幼儿发展特点的全面分析和了解,教师设计了"声音对对碰"游戏,让幼儿身临其境,通过听辨不同的声音,并跳到相应的格子中进行配对,从而区别不同的声音,感知声音无处不在,声音与人们的生活息息相关这一科学现象。

🕊 声音游戏 2

游戏名称:声音盲盒

设计者:李晶

参考年龄:小班

一、关键经验

听辨周围的各种声音,区别不同的声音及其所表示的意义。

二、游戏材料

木质声音盒。

三、游戏玩法

(1)摇一摇声音盲盒,逐一听辨盒子里的不同声音。

(2)根据声音将声音盒配对,并观察声音盒底部的标识进行验证。

四、观察指引

观察幼儿能否通过声音发现相同的物体并完成配对。

五、游戏图片

图 3－156

图 3－157

图 3 - 158　　　　　　　　　　图 3 - 159

园长点评

　　材料外形可爱,手柄方便小班幼儿操作。建议教师不定期地更换盲盒中的物体,让幼儿听到各种不同的声音,分辨出声音所对应的物体是什么。也可以在盲盒中投放一个或者多个材料,让幼儿听辨物体的数量多少,两两游戏的方式能让游戏更有趣味性和挑战性。

声音游戏 3

游戏名称:小跳蛙

设计者:李晶

参考年龄:中班

一、关键经验

知道声音能让物体产生振动。

二、游戏材料

振动鼓、鼓槌、小青蛙玩具

三、游戏玩法

把青蛙熊玩具放在振动鼓上,敲响振动鼓,让小青蛙跳起来。

四、观察指引

(1) 观察幼儿能否通过鼓槌敲击鼓面的方位,改变小青蛙跳动的方向。

（2）观察幼儿能否发现小青蛙跳起来的高度、距离与鼓声的大小有关。

五、游戏图片

图 3－160

图 3－161

声音游戏 4

游戏名称：共振的大鼓

设计者：管铖瑜

参考年龄：中班

一、关键经验

声波的传递能让相同的物体产生共振。

二、游戏材料

共振鼓、悬挂的小球、鼓槌。

三、游戏玩法

（1）用鼓槌敲击一个鼓面，发出声音。

（2）观察悬挂在另一个鼓面中央的小球的变化。

四、观察指引

观察幼儿能否通过控制鼓槌的力度来调整小球的弹跳高度。

五、游戏图片

图 3－162   图 3－163

园长点评

生活中，共振的现象很难被肉眼发现，学龄前的幼儿难以理解什么是共振。而共振鼓的游戏能让幼儿直观地看到小球因为声音的振动而弹起的现象，让共振现象变得直观、易懂。

 声音游戏 5

游戏名称：看得见的声音

设计者：陆佩青

参考年龄：大班

一、关键经验

发现振动和声音同时产生、同时停止的现象。

二、游戏材料

食用盐、杯子（杯口封上黑色保鲜膜）。

三、游戏玩法

把盐均匀地撒在黑色保鲜膜上,对着保鲜膜大声叫喊,观察保鲜膜上盐跳动的现象。

四、观察指引

(1) 观察幼儿能否发现声音停止,盐就停止跳动的现象。

(2) 观察幼儿能否发现盐跳动的高低与声音大小的关系。

五、游戏图片

图 3 - 164

📕 **长点评**

　　盐是生活中常见的调味料,盐不仅可以食用,还能做游戏!通过游戏帮助幼儿发现盐在声音的作用下能产生跳动的现象,幼儿能直观地通过盐的跳动感受到声音的传播,并发现声音一旦停止,盐就会立刻停止跳动的现象。在游戏中激发幼儿对声音探索的兴趣,感知声音与振动之间的关系。

 声音游戏 6

游戏名称:美妙的风铃

设计者:管铖瑜

参考年龄:大班

一、关键经验

感知振动产生声音的现象，知道不同材料的物体可以发出不同的声音。

二、游戏材料

黄豆、绿豆、扁豆、塑料小积木、细麻绳、塑料盘、小夹子、一次性纸杯、手工纸、固体胶、小瓶子。

三、游戏玩法

（1）幼儿自主选择风铃瓶。

（2）把材料箱里的材料（如黄豆）放入瓶子。

（3）将瓶子上的绳子夹在挂好的塑料盘上，用手碰一碰，使风铃发出声音。

（4）幼儿用自己喜欢的方式装饰风铃。

四、观察指引

观察幼儿能否选择不同的瓶子和材料制作出声音不同的风铃。

五、游戏图片

图 3－165

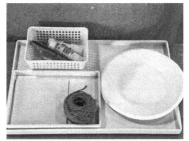

图 3－166

图 3－167

图 3－168

　　风铃外形可爱,能发出悦耳动听的声音,是孩子们生活中常见的物品。通过游戏幼儿能够选择各种常见的材料,经过自己的设计,将不同的材料组合起来,制作成美妙的风铃,感受不同物体的碰撞能够发出不同声音的现象,将科学与生活紧密联系起来。

声音游戏 7

游戏名称:瓶子叮叮咚

设计者:李晶

参考年龄:大班

一、关键经验

物体的振动能产生声波。

二、游戏材料

7 个相同的玻璃瓶、颜料、一根金属棒、一瓶水。

三、游戏玩法

(1) 在玻璃瓶里倒入不同高度的水,并混入不同颜色的颜料。

(2) 用金属棒敲击玻璃瓶,感知声音的不同。

四、观察指引

(1) 观察幼儿能否在玻璃瓶里倒入不同水位的水。

(2) 观察幼儿能否通过敲打玻璃瓶听辨声音的不同。

五、游戏图片

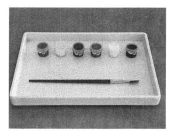

图 3－169　　　　**图 3－170**

园长点评

　　游戏通过水位的高低以及颜色的不同,让看不见的声波可视化。幼儿在敲击瓶子的同时,不仅能听到不同声音的音调高低,还能直观地观察水量的多少与音调高低之间的关系。玻璃瓶中七彩的颜色,也为游戏增添了趣味性。

声音游戏 8

游戏名称:手摇八音盒

设计者:管铖瑜

参考年龄:大班

一、关键经验

知道物体振动能产生声音,并利用这一原理简单创作旋律。

二、游戏材料

木质手摇八音盒、空白图谱。

三、游戏玩法

(1)自主插入塑料棒,转动手柄,使八音盒产生旋律。

(2)创编旋律,并记录下来。

四、观察指引

(1)观察幼儿能否将塑料棒准确插入到自己所需要的位置,使其演奏出美妙的旋律。

(2)观察幼儿能否对旋律进行创编。

五、游戏图片

图 3－171

图 3－172

🎵 水的游戏 Ⅰ

游戏名称:自制水枪

设计者:张佳琳

参考年龄:小班

一、关键经验

水能聚集在一起形成压力。

二、游戏材料

各类自制水枪、靶标若干、抹布若干。

三、游戏玩法

(1) 在自制水枪(塑料瓶)中装满水,用手挤压瓶子,喷射墙上的靶标。

(2) 站在同一起点,比较从不同大小洞口喷射的水的距离。

四、观察指引

（1）观察幼儿能否通过多次挤压水枪后发现不同洞口水枪的水流大小不同。

（2）观察幼儿能否发现水枪洞口的大小和水枪射程之间的关系。

五、游戏图片

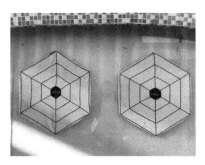

图 3 - 173

图 3 - 174

园长点评

　　游戏情景来源于幼儿生活。水枪射水是幼儿非常喜爱的游戏内容，有趣又好玩。同时，在游戏中幼儿体验到水枪是可以自我制作的，拓展了幼儿的认知范围。水瓶、水都是生活中随手可得的材料，收集简单易得，游戏低耗、高效。在游戏中，幼儿通过挤压塑料瓶改变水压大小，促使水流在压力下通过不同大小的塑料瓶孔射出。幼儿多次操作后发现自制水枪射出的水流大小和距离等都有关系，使用低耗的材料达到高效的实验效果。

 水的游戏 2

游戏名称：爱洗澡的动物宝宝

设计者：周雯婷

参考年龄：小班

一、关键经验

水是流动的。

二、游戏材料

水管阀门装置、动物图片、小刷子、小毛巾、沐浴球若干。

三、游戏玩法

（1）打开水阀，猜猜水会从哪个出口流出。

（2）使用小工具为小动物们洗澡、刷牙。

四、观察指引

（1）观察幼儿能否通过反复操作，探索出水阀和水流出口的对应
关系。

（2）观察幼儿能否使用各种不同的小工具为小动物清洗身体。

五、游戏图片

图 3-175

图 3-176

图 3-177

图 3-178

图 3 - 179

园长点评

　　玩水是幼儿最喜欢的游戏之一,该游戏紧紧抓住幼儿的这一兴趣点。小年龄幼儿对关爱小动物有着特殊的情感,游戏中,幼儿通过多种工具帮助小动物清洗身体,满足幼儿关心、帮助小动物的美好情感的同时,感知水会流动的特性。

水的游戏 3

游戏名称:捉迷藏

设计者:解贞

参考年龄:小班

一、关键经验

水是许多物质的溶剂。

二、游戏材料

不同口味的饮料粉、糖果、水、杯子、沙漏、搅拌棒、记录表。

三、游戏玩法

(1) 将不同口味的饮料粉放入杯中,冲入温水搅拌,观察溶解情况。

(2) 将各种不同质地的糖果逐一放入水中,然后通过沙漏计时判断糖溶解的时间长短,并做简单记录。

四、观察指引

（1）观察幼儿能否感知溶解的现象。

（2）观察幼儿能否发现不同物质溶解的速度不同。

五、游戏图片

图 3-180

图 3-181

图 3-182

园长点评

该游戏基于幼儿生活经验。日常生活中,幼儿会尝试冲饮料,会发现饮料粉和糖能溶解于水的现象,也会时不时地搅拌加快其溶解速度。游戏将幼儿的生活经验搬入"课堂",激发幼儿操作探索的兴趣。该游戏中不同质地的糖果能让幼儿进一步深入探索其与溶解速度之间的关系,激发幼儿进一步探索的欲望。值得注意的是:在幼儿的游戏探索中,教师要提醒幼儿糖果在游戏中的作用,不要让幼儿"误食"。

 水的游戏 4

游戏名称:弹力水球

设计者:解贞

参考年龄:中班

一、关键经验

水的重力和浮力会使物体漂浮。

二、游戏材料

塑料亚克力浮板若干、空心小球、计分板。

三、游戏玩法

（1）在两种棋盘上，用手推压空心小球，使球弹到另一个球洞中，比一比谁能先到达对方的"家"。

（2）用嘴巴吹动水球，看看棋盘中间的水球会先被吹到谁的"家"。

四、观察指引

（1）观察幼儿能否探索发现亚克力浮板不会沉入水中。

（2）观察幼儿能否使用不同的方法让小球在水面上动起来。

五、游戏图片

图 3-183

图 3-184

图 3-185

图 3-186

园长点评

通过游戏帮助幼儿理解浮力的作用：水球和亚克力浮板为什么能在水中漂浮？轮船为什么能在大海中航行？气球为什么能飘在空中？

这都源于浮力的作用。通过实验操作让幼儿感知物体在水中会受到两个力的作用,一个是水对物体的浮力,是向上的;一个是自身的重力,是向下的。

水的游戏 5

游戏名称:水杯瀑布

设计者:张佳琳

参考年龄:中班

一、关键经验

水是有重量的,并具有自上向下流动的特性。

二、游戏材料

塑料杯子、抹布、托盘、倒水的水杯、记号笔、记录本。

三、游戏玩法

(1) 将塑料杯叠成宝塔状,最高的地方只有一个水杯。

(2) 往最高的杯子里倒水,观察水沿着杯口自上而下流动的情况。

(3) 水沿着杯口不断流下,尝试将所有的杯子都装满水。

四、观察指引

(1) 观察幼儿能否发现水是自上而下流动的。

(2) 观察幼儿能否尝试用自己的方法记录实验情况。

五、游戏图片

图 3-187

图 3-188

图 3-189

　　我们的生活离不开水,幼儿通过观察水从高处杯子往低处杯子流动的这一自然现象,了解水的流动性特征,对此的观察也会引中到对生活中其他有趣现象的观察,开始学会用不同的方法和手段观察、探索日常生活,发展幼儿的抽象思维能力。

水的游戏 6

游戏名称:管道大玩家

设计者:解贞

参考年龄:中班

一、关键经验

水是有重量的,并具有自上向下流动的特性。

二、游戏材料

水管组合、盛水小工具、记录纸、记号笔。

三、游戏玩法

(1)幼儿自由选择起始进水口,从进口处倒水。

(2)打开水阀,观察水的流向。

(3)边观察边调整管道阀门,让水顺利通过管道流出。

四、观察指引

(1)观察幼儿能否通过反复试验,对自己的管道装置进行调整,促使水顺利流向出口。

(2)观察幼儿能否将自己的实验过程及结果记录下来。

五、游戏图片

图 3－190

图 3－191

图 3－192

图 3－193

园长点评

　　水管材料是生活中随处可见的,我们的盥洗室、厨房等地处处都有它的身影,幼儿在实验中的经验能够延伸至生活当中。游戏具有趣味性。幼儿喜欢玩水,对水充满兴趣,借助水管和阀门能引发幼儿深入探索的兴趣,培养幼儿的高阶思维能力。

🐦 水的游戏7

游戏名称:彩虹布店

设计者:解贞

参考年龄:中班

一、关键经验

水能渗透到其他物质之中。

二、游戏材料

不同颜色的颜料、水盆、滴管、宣纸、晒纸架、展示板、抹布。

三、游戏玩法

(1) 将各种颜料依次用滴管滴入水中,观察其呈现的花纹。

(2) 将宣纸平放靠近水面,将多彩的颜料印在宣纸上。

(3) 将宣纸移到展示板上晾干制成彩虹花布。

四、观察指引

(1) 观察幼儿能否成功使用滴管在水中展现出形态各异的彩虹花纹样式。

(2) 观察幼儿能否成功制作出彩虹画布。

五、游戏图片

图 3 - 194

图 3 - 195

园长点评

　　该游戏通过几个简单的步骤帮助幼儿将水中不同颜色的水纹真实地记录下来,完成一幅美丽的画作,这无疑满足了幼儿的探索兴趣,同时也带给幼儿作品完成后的满足感。

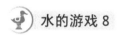 水的游戏 8

<h2 style="text-align:center">游戏名称：解救小金鱼</h2>
设计者：周雯婷

参考年龄：中班

一、关键经验

水是自上而下流动的。

二、游戏材料

水管阀门装置、各种塑料小金鱼、记录表、小毛巾、防水反穿衣。

三、游戏玩法

（1）打开水阀，猜猜水会从哪个出口流出，初步判定小金鱼的流出方向。

（2）与同伴协商、合作，共同确定小金鱼的出逃路线，并进行简单的记录。

四、观察指引

（1）观察幼儿能否运用已有经验，尝试解救干枯池塘里的"小金鱼"。

（2）观察幼儿在游戏过程中能否协商、合作，并不断优化解救路线。

五、游戏图片

图 3－196

图 3－197

图 3 - 198

图 3 - 199

 长点评

　　游戏富有情景性。创设的"解救小金鱼"的游戏情景有趣、好玩,符合中班幼儿的年龄特点。在游戏情景中,通过任务式游戏,激发幼儿多次探索的兴趣,找到小金鱼最适合的逃走路线,完成解救小金鱼的任务,激发幼儿的成就感。游戏富有挑战性。游戏既可以培养幼儿与同伴合作、协商、记录的能力,对中班幼儿来说游戏又具有一定的挑战性。

水的游戏 9

游戏名称:水的净化

设计者:解贞

参考年龄:大班

一、关键经验

水能渗透到其他物质中,并从中分离出来。

二、游戏材料

守恒量具、水净化套件、干净的水以及混油掺杂物的水、过滤材料(石头、沙子、棉花、活性炭等)。

三、游戏玩法

（1）观察装有不同过滤材料的水净化套件，并说说观察结果。

（2）按照图示连接组装水净化套件。

（3）观察污水进入水净化套件后的净化结果。

四、观察指引

（1）观察幼儿能否掌握正确的操作顺序。

（2）观察净水装置能否将污水滤清。

（3）观察幼儿能否尝试用其他的材料过滤水质。

五、游戏图片

图 3 - 201

图 3 - 200

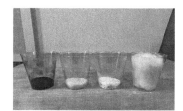

图 3 - 202

🏫 园长点评

　　"水的净化"科学实验操作，能让幼儿直观地看到污水经过细沙、活性炭、棉花等材料过滤后变成干净的水这样一个过程，更能体会到每一个过滤层都有它不同的作用，真正地将理论的知识和游戏实践相结合，通过亲身体验，感知科学原理。

水的游戏 10

游戏名称：死海之谜

设计者：张佳琳

参考年龄：大班

一、关键经验

水能使物体溶解·加入盐后水的密度会发生改变。

二、游戏材料

玻璃杯、不同种类的蛋、盐、糖、面粉、小苏打、勺子、记录表、记号笔。

三、游戏玩法

玩法一：

（1）先把水倒进杯子里·接着把蛋放进水中·发现蛋在水中的位置。

（2）慢慢往杯子里加盐·并不断地搅拌·过一会儿再观察蛋在水中的位置。

（3）继续实验·直到蛋浮起来·并记录用盐的量。

玩法二：

探索不同种类的蛋在不同溶质中的悬浮情况。

四、观察指引

（1）观察幼儿能否通过多次尝试发现鸡蛋在盐水中的悬浮情况。

（2）观察幼儿能否发现不同的蛋在不同溶质中的沉浮情况。

五、游戏图片

图 3－203

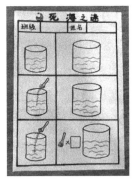

图 3－204

游戏结合大自然现象展开,让幼儿在小小的实验中了解大自然的奥秘。该游戏通过小实验,让幼儿直观地看到鸡蛋在盐水中不会沉入水底的现象。同时了解鸡蛋在盐水中不会沉底,是因为加了盐的水的密度发生了改变。在探索中,幼儿也就揭秘了"死海之谜"。

水的游戏 11

游戏名称:乌鸦喝水

设计者:解贞

参考年龄:大班

一、关键经验

物体的质量可以决定水的高度变化。

二、游戏材料

装有同等水量的透明小水瓶 8 个、弹珠、大米、沙子、蚕豆、小漏斗、记录卡、记号笔、抹布。

三、游戏玩法

玩法一:

(1)将小漏斗放置在透明水瓶的瓶口上。

(2)依次在 4 个水瓶中放入 4 种不同的材料(弹珠、大米、沙子、蚕豆)。

(3)观察水瓶中加入 4 种不同的材料后水位线的变化,并在记录卡上进行记录。

玩法二:

(1)将不同量的不同材料放入水瓶中,观察水位线的变化。

(2)将观察到的水位线的变化记录下来。

四、观察指引

（1）观察幼儿能否选择合适的小漏斗将相应的物质转移到水瓶中。

（2）观察幼儿能否将水瓶中水位线的变化记录下来。

五、游戏图片

图 3-205

图 3-206

图 3-207

园长点评

　　该游戏借助"乌鸦喝水"的故事，激发幼儿的探索兴趣。在游戏中，幼儿能通过自己动手探索了解这个故事中所蕴含的科学原理。在前期经验的基础上，幼儿借助辅助物与工具，通过探索、总结，知道在同等水量的瓶子中加入材料可以使水位升高，感知容量的守恒现象，符合大班幼儿的年龄特点。

 水的游戏 12

游戏名称:小球旅行记
设计者:解贞

参考年龄:大班

一、关键经验

水能聚合在一起形成压力,并推动物体前进。

二、游戏材料

水管阀门装置、不同大小的水瓶、乒乓球、漏斗、计划表、记录笔、反穿衣、抹布。

三、游戏玩法

(1)转动阀门,打开所有阀门,探究水流的行进路线。

(2)撰写计划,设计乒乓球行进路线。

(2)按照计划,打开相应的阀门,促使小球从指定出口流出。

四、观察指引

(1)观察幼儿能否根据观察结果设计出乒乓球的行进路线。

(2)观察幼儿能否通过阀门的控制改变水流的方向,控制乒乓球的行进路线。

五、游戏图片

图 3-208

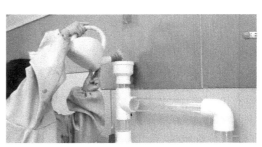

图 3-209

　　游戏设计有趣、好玩,并富有挑战性。该游戏以研究水为主,辅于水管、阀门、乒乓球等,观察水的流向,推动乒乓球的前进,能够让幼儿直观地看到实验的现象,使幼儿的观察能力和探索能力进一步提高。同时,该游戏需要幼儿在充分观察水流行进路线的基础上设计乒乓球的行进路线,并在实践中不断调整、纠正,在挑战中激发自我效能感。

水的游戏 13

游戏名称:胡萝卜水车

设计者:解贞

参考年龄:大班

一、关键经验

水是有重量的。

二、游戏材料

带有小孔的胡萝卜切段、垫板剪成造型的水车叶片、吸管、水车图片。

三、游戏玩法

(1)将吸管插在胡萝卜中,再将水车叶片均匀地插进胡萝卜中,制作成水车。

(2)倒水让胡萝卜水车转动起来。

四、观察指引

(1)观察幼儿能否通过观察水车图片制作简易水车装置。

(2)观察幼儿能否通过倒水的方式将水车转动起来。

五、游戏图片

图 3 – 210

园长点评

　　该游戏与中国传统文化相结合。水轮车是中国古代经典发明之一，不仅可以用来作为园林观赏，在生活中还可以用来取水灌溉，既美观又实用。该游戏将这一发明搬入课堂，是对中国传统文化的传承，可以激发幼儿的民族自豪感。该游戏与幼儿动手制作相结合，所提供的材料简单、安全、易得，属于低结构材料。幼儿在探索之前需要充分观察了解水轮车的外形特征，再动手制作。在制作过程中，如何调整水叶片的位置成了幼儿游戏探索的重点，幼儿边制作、边实验、边调整，直至水轮车顺利转动起来。在此过程中，培养幼儿的专注力，激发幼儿的自我效能感。

人体游戏 I

游戏名称：十个指头来排队

设计者：戎梅

参考年龄：小班

一、关键经验

区分左右手，知道自己有十个手指及每个手指的名称。

二、游戏材料

幼儿左右手照片若干、十个手指纸偶。

三、游戏玩法

（1）根据儿歌，给十个手指套上对应的纸偶。

附儿歌：大拇哥、二拇弟、三指楼、四拇戏、小妞妞。

（2）观察照片，给左右手配对，并说说自己的发现。

四、观察指引

观察幼儿能否发现左右手是对称的。

五、游戏图片

图 3-211

图 3-212

园长点评

　　整个活动符合小班幼儿的认知特点和水平，创设了儿歌情境，引导幼儿在说说念念儿歌的基础上，发现五个手指的特点。同时，通过左右手的照片，引导幼儿根据特征去匹配左右手，从而发现一双手具有对称的特点。

人体游戏 2

游戏名称:独一无二的指纹

设计者:戎梅

参考年龄:中班

一、关键经验

发现并了解每个人都有指纹。

二、游戏材料

电脑、手持显微镜、颜料、印泥、蜡笔、橡皮泥、湿抹布、记录纸等。

三、游戏玩法

玩法一:

幼儿尝试运用老师提供的材料印出自己的指纹,探索印出指纹最清晰的方法并记录。

玩法二:

(1)指纹配对。请"小侦探"在众多指纹中进行配对,将寻找出的相同指纹进行归类。

(2)指纹解密。请"小侦探"在众多指纹中找出做好事的人,想一想:这些好事是谁做的?

四、观察指引

(1)观察幼儿能否运用多种材料探索出最清晰的拓印指纹的方法。

(2)观察幼儿能否发现自己和他人指纹的不同。

五、图片

图 3－213

图 3－214

图 3－215

该游戏结合了现代高科技元素——电脑和手持显微镜,让幼儿能够非常清晰、明显地观察自己的指纹,幼儿在游戏中感受高科技的力量。同时,用生动形象的侦探角色引入,更能使幼儿积极地融入游戏,参与游戏探索,并发现每个人指纹的独一无二。

人体游戏 3

游戏名称:会变多的手指

设计者:戎梅

参考年龄:中班

一、关键经验

初步知道人们通过感觉(视觉、触觉、听觉等)来学习。

二、游戏材料

白墙、手电筒、记录纸等。

三、游戏玩法

(1) 选择有白墙的黑暗小屋。

(2) 打开手电筒对准白墙,张开五个手指在白墙前快速地晃动,观察手影在白墙中的变化。

（3）记录每次在白墙上看到的手指数量。

四、观察指引

（1）观察幼儿能否集中注意力快速观察到白墙上手指的数量。

（2）观察幼儿能否发现晃动的速度越快变出手指的数量越多。

五、游戏图片

图 3-216

图 3-217

 人体游戏 4

游戏名称:会变色的感温板

设计者:戎梅

参考年龄: 中班

一、关键经验

人体是有温度的。

二、游戏材料

感温板、计时器、运动器械(皮球、绳子等)。

三、游戏玩法

(1)幼儿用自己的手按压感温板,变色后观察并记录感温板前后的变化。

(2)在计时器的帮助下进行运动(拍球或者跳绳等),再将手按压感温板,观察、比较感温板的变化。

(3)依据操作表所提示的身体部位去按压感温板,观察感温板的颜色变化,并记录。

四、观察指引

(1)观察幼儿能否发现感温板的变化与身体的温度之间的关系。

(2)观察幼儿能否积极探索运动前后身体各部位温度对感温板的影响。

五、游戏图片

图 3-218

园长点评

感温板为现代高科技材料,幼儿通过与这一高科技材料的互动,感受科技在生活中的运用。同时,这一材料有趣、好玩,本身就能引发幼儿的好奇心和探索欲望,让幼儿在玩中发现和感知身体不同部位、不同体温按压感温板后的颜色不同,从而获取相关科学经验。

 **人体游戏 5**

游戏名称:会动的身体

设计者:毛丽霞

参考年龄:中班

一、关键经验

体验和感受身体各个部位的关节是可以活动的。

二、游戏材料

图书《我们的身体》、人体骨骼模型、棉签、制作底板、动动人手册、记录纸、记号笔。

三、游戏玩法

(1)阅读《我们的身体》,进一步了解我们的身体哪些关节会动,尝试正确连接人体骨骼模型。

(2)在动动人手册中挑选图片,尝试用棉签在制作底板上展示图片中人物的动作。

(3)幼儿相互摆造型,记录动作中关节的活动部位,并尝试用棉签进行摆放。

四、观察指引

(1)观察幼儿能否根据绘本提示完成人体骨骼模型的拼搭。

(2)观察幼儿能否用棉签摆出各种动作造型。

五、游戏图片

图 3 - 219

图 3 - 220

　　　　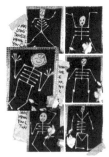

图 3-221　　　　　　　　图 3-222

园长点评

该游戏借助绘本、手册不仅能帮助幼儿了解人体骨骼的构造,而且提升了幼儿阅读科学绘本的能力,培养幼儿专注阅读的习惯。同时教师提供的简便的棉签材料巩固了幼儿的学习经验。

人体游戏 6

游戏名称:箱子里藏了啥?

设计者:戎梅

参考年龄:中班

一、关键经验

用触觉感知不同材质的事物。

二、游戏材料

摸箱、不同软硬材质的物体,两个分别印有软软的、硬硬的物品或标志的分类盒。两个摸箱(内放两组相同的柠檬、积木、乒乓球、小棒等不同形状和大小的物品)、托盘、分类板等。

三、游戏玩法

玩法一：

（1）事先将不同软硬材质的物体放进摸箱。

（2）幼儿将手伸进摸箱，猜猜摸到的物品，并根据物品的材质分成软、硬两类。

玩法二：

（1）将两个摸箱并排放在桌面上。

（2）先从一个摸箱内任意摸出一件物品，看看是什么。然后尝试在另一个摸箱内摸出同样的物体，摸对了就放在托盘里。幼儿反复摸取两个箱子中的物品，相互匹配，直至全部摸完，验证自己摸对的有几个。

玩法三：

（1）幼儿两人一组进行游戏，每人一块分类板；将一套不同形状、大小或厚薄的物体放进摸箱，另一套放在一名幼儿面前的筐里。

（2）一名幼儿将面前筐里的物体取出一块，放在自己的分类板上。另一名幼儿将手伸进摸箱，摸出同样的物体，放在自己的分类板上，验证是否相同。

（3）两人交换角色，继续游戏。

四、观察指引

观察幼儿能否通过触觉感知箱子里的物体，并进行配对。

五、游戏图片

图 3 - 223

图 3 - 224

图 3 - 225

　　0～6 岁是人的感官敏感期,适当的感官刺激对大脑发育有重要的意义。游戏提供了多种材质的物品,利用摸箱的神秘感,激发幼儿感知和触摸的兴趣,引导幼儿动手、动脑探索未知的事物。同时,该游戏可以通过调整不同类型的材料,引导幼儿通过触摸,感知和发现物体的粗细、厚薄等方面的差别,更有助于幼儿全方位积累对事物的认识和理解。将初始感官得到的信息,加入思维变成想法,实现感官自然性到社会性的发展。

人体游戏 7

游戏名称:我是小医生

设计者:戎梅

参考年龄:中班、大班

一、关键经验

(1) 当意外发生时,要懂得保护自己。

(2) 日益成长的强健身体需要有营养的食物。

二、游戏材料

医生、护士等医务工作者服装、简易外伤急救包、仿真娃娃、健康卫士棋等。

三、游戏玩法

玩法一：

（1）穿上医生护士服参与游戏。

（2）观察所提供的仿真娃娃，了解娃娃受伤的部位。

（3）然后从简易外伤急救包中取出相应的材料，为娃娃治伤（如：消毒、包扎、上药等）。还可以取出相应的治疗步骤图，在记录卡上插放。

玩法二：

（1）2～4人一组进行游戏，将数字与图片相结合组成健康卫士棋。

（2）协商问答游戏规则，掷骰子从起点出发，经过图片关卡需回答正确方可继续前进，如回答错误则倒退或者暂停，先到终点者获胜。

四、观察指引

观察幼儿了解哪些自我保护的方法。

五、游戏图片

图 3－226

园长点评

　　游戏的环境与着装能让幼儿真正融入游戏中，成为"医生"和"护士"。通过游戏，可以帮助幼儿了解日常生活中常常遇到的擦伤、碰伤的处理方式，积累正确的自我保护方法。大班幼儿则通过棋类游戏，一方面学习爱护自己、保护自己的途径，帮助幼儿更好地养成良好的生活、卫生、饮食习惯；另一方面增强合作协商意识。

🦆 **人体游戏 8**

游戏名称:请你照我这样做

设计者:毛丽霞

参考年龄:大班

一、关键经验

身体各个部位的关节是可以活动的。

二、游戏材料

"人体探秘"软件、木偶若干、锡纸人偶若干、影子成像图。

三、游戏玩法

(1)幼儿扳动小木偶的关节,使其和影子成像图一一对应。

(2)操作"人体探秘"软件,自主学习人体骨骼的秘密,尝试进行人体骨骼拼图。

四、观察指引

(1)观察幼儿能否根据影子成像图操作小木偶的关节,使其相互对应。

(2)观察幼儿能否自主探索使用软件,并进行自主学习。

(3)观察幼儿自主学习后的成果,能否顺利闯关,完成人体骨骼拼图。

五、游戏图片

图 3-227

图 3-228

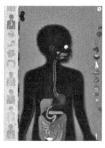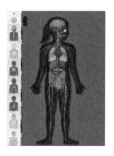

图 3－229　　　　图 3－230　　　　图 3－231

人体游戏 9

游戏名称：人体拼拼乐

设计者：毛丽霞

参考年龄：大班

一、关键经验

了解人体主要器官的位置与构造。

二、游戏材料

"人体探秘"软件、人体模型。

三、游戏玩法

（1）打开软件,依据人体结构示意图,将各个器官放置在人体模型相对应的位置。

（2）两人一组游戏,一名幼儿当出题人,另一名幼儿当解题人。一名幼儿说出身体部位或身体器官名称,另一名幼儿找出该部位(器官)所在的位置。

（3）通过软件了解人体消化食物的过程,完成挑战任务。

四、观察指引

（1）观察幼儿能否通过软件了解人体构造,并知晓各个器官的名称和位置。

（2）观察幼儿能否通过软件了解食物在人身体中的旅行过程,顺利通过挑战。

五、游戏图片

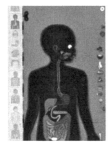
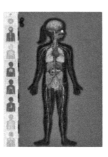
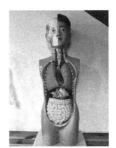

图 3 - 232　　　　　　图 3 - 233　　　　　　图 3 - 234

园长点评

　　该游戏借用现代高科技软件,具体、生动地展示人体构造、人体各个器官的方位和作用,通过游戏闯关的方式巩固所获得的经验,激发幼儿主动学习的兴趣。同时,通过模型的再现操作,让幼儿更加直观地了解人体的内部器官方位,对人体的奥秘产生兴趣。

人体游戏 10

游戏名称:神奇的动画胶片

设计者:戎梅

参考年龄:大班

一、关键经验

感知生活中的视觉暂留现象。

二、游戏材料

动画胶片纸、特殊的图卡、恐龙动画机、动画圆盘、镜片、镜片架。

三、游戏玩法

玩法一：

（1）幼儿将图卡与胶片纸上下重叠，把胶片纸覆盖在图案上。

（2）通过左右移动胶片纸，看看有什么有趣的现象。

玩法二：

（1）幼儿拿出动画转盘，套在动画机的轴心上，将螺帽套在轴心，并固定好圆盘，将镜子固定在镜片架上。

（2）幼儿拿好动画机，将圆盘上有图案的一面对准镜子。压动动画机的扳机，眼睛透过转盘上的缝隙看镜面上的图案。

四、观察指引

（1）观察幼儿左右移动胶片纸能发现哪些有趣的现象。

（2）观察幼儿能否正确使用动画机，观看镜子里转动的画面。

五、游戏图片

图 3－235   图 3－236   图 3－237

园长点评

选择幼儿喜欢的动画人物制作成图画书，再与胶片相融合，创设幼儿"看电影"的情境，让幼儿在感知动画制作过程的同时，积累相关科学经验，初步体验视觉暂留现象在生活中的运用。

人体游戏 11

游戏名称：我怎么站不起来了？

设计者：张韩敏

参考年龄：大班

一、关键经验

骨骼帮助我们支撑身体。

二、游戏材料

椅子、地面站立点、记录纸等。

三、游戏玩法

（1）一名幼儿坐在椅子上，双脚并拢，双手平放在膝盖上。

（2）另一名幼儿站立在不同的地面提示点上，并用一个指头顶住前面幼儿的额头。

（3）坐着的幼儿尝试站起来，发现不能起身的现象。

（4）记录身体重心移动对起身的影响。

四、观察指引

（1）观察幼儿能否发现坐着的人改变坐姿（背挺直、头稍倾斜），会产生不同的结果。

（2）观察幼儿是否理解人体重心的转移会影响人的站立。

五、游戏图片

图 3－238

我怎么站不起来了？

●	1	2	3	4	5
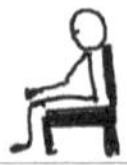					
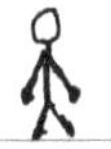					

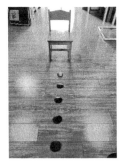

图 3－239

　　游戏玩法简单,却隐藏着人身体里的骨骼帮助我们支撑身体的大秘密。设计者希望幼儿借助游戏去发现,不同的坐姿(背部直立或倾斜)会造成身体重心的转移,这是导致人能否起身的因素。幼儿可通过游戏记录、表达或分享自己的探索发现,在生生互动、师生互动中激发探寻身体奥秘的兴趣。

🦢 人体游戏 12

游戏名称:我长大了

设计者:张韩敏

参考年龄:大班

一、关键经验

(1) 感知多种测量方法。

(2) 接纳自己的身体变化。

二、游戏材料

测量工具若干(标高尺、软尺、直尺等)、记录表格、小时候的衣物等。

三、游戏玩法

(1) 选择最便于测量身高的工具。

(2) 尝试运用不同的工具测量身体的各个部位,积累测量的方法。

(3) 尝试用数字、图画、符号等记录探究过程和结果。

四、观察指引

(1) 观察幼儿能否发现不同工具的正确使用方法。

(2) 观察幼儿能否通过观察、比较与分析,发现或描述事物之间的关系。

五、游戏图片

图 3－240

图 3－241

园长点评

　　此游戏能让幼儿自主选择、充分运用各种测量工具进行操作探索，尝试用一定的方法探究身边感兴趣的事物与现象。同时，通过测量比较小时候和现在的衣裤之间长短、宽窄等的不同，激发幼儿探索成长奥秘的兴趣。

人体游戏 13

游戏名称：无"触"不在

设计者：戎梅

参考年龄：大班

一、关键经验

人们通过感觉（触觉等）来学习。

二、游戏材料

察觉配对组玩具（大）一套、察觉配对组玩具（卡片）一套、眼罩、地毯。

三、游戏玩法

玩法一：

（1）幼儿先将察觉配对组玩具放置在地面上，然后戴上眼罩。

（2）分别触摸玩具上的纹路，感受不同的触感。

（3）将相同触感的玩具摆放在一起。

（4）摘下眼罩，进行验证。

玩法二：

（1）将一组察觉配对组玩具分散放置在地毯上，另一组配套玩具卡片放入摸箱中。

（2）两名幼儿合作游戏，一名幼儿戴上眼罩，用（手或脚）感知地毯上玩具的触感，并描述。另一名幼儿根据对方的语言信息，在摸箱中选择与描述相匹配的卡片。

（3）摘下眼罩，进行验证。

四、观察指引

（1）观察幼儿在游戏中的触摸方式。

（2）观察幼儿如何用语言表达自己的触摸感受。

五、游戏图片

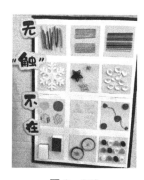

图 3 - 242

图 3 - 243

图 3 - 244

　　此游戏引导幼儿用双手或双脚去感知和体验不同物品的触感,充分唤醒幼儿不同身体部位的触觉体验,引导幼儿用触觉去感知周围的事物。游戏还设置了不同的玩法,大班孩子可以通过描述触觉感受,让同伴通过相关信息进行猜测、验证,有助于培养探究过程中的合作精神。

人体游戏 14

游戏名称:牙齿的秘密

设计者:戎梅

参考年龄:大班

一、关键经验

感知体验牙齿的作用,知道保护牙齿的重要性。

二、游戏材料

牙齿模型、牙齿模型示意图、彩色贴纸、瓜子、记录表、笔、护牙棋。

三、游戏玩法

玩法一:贴一贴

按照牙齿模型示意图的提示,观察区分不同部位的牙齿,在牙齿模型上贴上相对应的贴纸。

玩法二:嗑瓜子

根据提示卡上吃食物时使用牙齿的不同部位,了解和区分牙齿的不同功能,并进行嗑瓜子的实践体验和记录。

玩法三:换牙日记

了解换牙的顺序并进行记录。

玩法四:护牙行动棋

掷色子,根据所掷数字走相应的格子数,若走到图片处,根据图片所描述的内容前进或者后退,先到达终点者获胜。

四、观察指引

（1）观察幼儿能否区分不同的牙齿,并简单描述牙齿的不同作用。

（2）观察幼儿能否用图画或其他符号记录探究过程。

五、游戏图片

图 3 - 245

图 3 - 246

图 3 - 247

园长点评

　　大班是护牙、换牙的关键时期,牙齿也是大班阶段的孩子们非常感兴趣的话题。多种游戏玩法的设计,能够引导幼儿在尝试、体验中,体会不同牙齿的作用,学习保护牙齿的方法。护牙行动棋可以引导大班幼儿合作协商、共同设置棋盘上的数字、图片以及游戏规则,让游戏更具有自主性。

参考文献

［1］ 刘霞.幼儿园课程创生:内涵、价值与实践路径[J].教育导刊(半月).
　　 2020.No.674(01):21-24.

［2］ 李季湄,冯晓霞.《3～6 岁儿童学习与发展指南》解读[M].北京:人
　　 民教育出版社,2013.

［3］ [美]大卫·杰纳·马丁.建构儿童的科学——探究过程导向的科学
　　 教育[M].杨彩霞,于开莲,洪秀敏,等,译.北京:北京师范大学出版
　　 社,2006.

［4］ 李蓓.让幼儿成为学习的主人——问题情景驱动下学习活动的开展
　　 [J].上海托幼,2018(11).

［5］ 高一敏.在玩中与科技结缘[M].上海:上海教育出版社,2017.

［6］ 刘占兰.幼儿园科学教育资源[M].北京:人民教育出版社,2014.

［7］ 杨炼红.以科学教育助推园本课程建构[M].南京:江苏凤凰少年儿
　　 童出版社,2015.

［8］ [美]克里斯汀·夏洛,劳拉·布里坦.儿童像科学家一样——儿童科
　　 学教育的建构主义方法[M].高潇怡,梁玉华,孙瑾,译.北京:北京师
　　 范大学出版社,2006.

［9］ 施燕.学前儿童科学教育[M].上海:华东师范大学出版社,2006.

后　记

　　"面向未来"一直是我办学校、做教育的执念和期盼。

　　"面向未来"是希望每一个孩子,都能储备足以应对未来的能量;"面向未来"也是希望我的学校,能拥有"面向未来"的团队和教师,能具备驾驭未来教育的智慧与底气。

　　为了让每个控江幼儿园的孩子都能够具备"面向未来"的素养和潜质,我和我的团队义无反顾地走着"探索—尝试—反思—再探索"的循环往复的探究之路。我们因爱集结、为爱出发,共守初心、协同共育。也希望通过共同成长的历程,铸就我们共同面向未来的信心与期待。

　　本书集结了每个控江幼儿园工作者的智慧,感谢你们提供的各种素材,感谢你们的大力支持! 更要感谢编撰过程中,恩师的点拨和同行的鼓励,这本书里的每一个文字都渗透着幼教人专业层面和精神层面的助力。感恩! 铭记!

　　我坚信每一份有温度的教育,都是从相遇开始;每一份有能量的教育,都需要勠力同心,勇毅前行。

曹海红